GÊNERO E EDUCAÇÃO:
lutas do passado, conquistas do presente e perspectivas futuras

Dados Internacionais de Catalogação na Publicação (CIP)
(Câmara Brasileira do Livro, SP, Brasil)

Gênero e educação: lutas do passado, conquitas
do presente e perspectivas futuras / organização
Tânia Suely Antonelli Marcelino Brabo ;
coordenação Diamantino Fernandes Trindade. —
São Paulo : Ícone, 2007. — (Coleção
conhecimento e vida)

Vários autores.
ISBN 978-85-274-0913-1

1. Feminismo - Brasil 2. Feminismo e educação
3. Mulheres - Condições sociais 4. Mulheres na
educação 5. Mulheres na política I. Brabo, Tânia
Suely Antonelli Marcelino. II. Trindade,
Diamantino Fernandes. III. Série.

06-9071   CDD-305.42

Índices para catálogo sistemático:

1.   Mulheres, educação e política : Relações de
        gênero : Sociologia   305.42

Organização
Tânia Suely Antonelli Marcelino Brabo

GÊNERO E EDUCAÇÃO:
lutas do passado, conquistas do presente e perspectivas futuras

**Coleção
Conhecimento e Vida**

Coordenação
Diamantino Fernandes Trindade

Ícone
editora

© Copyright 2007.
Ícone Editora Ltda.

Coleção Conhecimento e Vida

Coordenação
Diamantino Fernandes Trindade

Diagramação
Andréa Magalhães da Silva

Revisão
Rosa Maria Cury Cardoso

Proibida a reprodução total ou parcial desta obra,
de qualquer forma ou meio eletrônico, mecânico,
inclusive através de processos xerográficos,
sem permissão expressa do editor
(Lei nº 9.610/98).

Todos os direitos reservados pela
ÍCONE EDITORA LTDA.
Rua Anhanguera, 56 – Barra Funda
CEP 01135-000 – São Paulo – SP
Tel./Fax.: (11) 3392-7771
www.iconeeditora.com.br
e-mail: iconevendas@iconeeditora.com.br

Tânia Suely Antonelli Marcelino Brabo

- Pedagoga pela Faculdade de Filosofia e Ciências – UNESP – Campus Marília
- Mestra em Educação pela UNESP – Campus Marília
- Doutora em Sociologia pela Faculdade de Filosofia, Letras e Ciências Humanas – USP
- Docente do Departamento de Administração e Supervisão Escolar da Faculdade de Filosofia e Ciências da UNESP – Campus Marília
- Presidente do Núcleo de Direitos Humanos e Cidadania de Marília
- Conselheira do Núcleo de Estudos da Mulher e Relações Sociais de Gênero – NEMGE – USP

Sumário

Introdução, 11

1. Movimento feminista em debate
A história do feminismo no Brasil
(*Norma Kyriakos*), 17
Do feminismo *igualitarista* ao feminismo *diferencialista* e depois
(*Antônio Flávio Pierucci*), 30
Lutas do passado, conquistas do presente e perspectivas futuras: movimento feminista em debate
(*Neusa Maria Dal Ri*), 45
Considerações sobre obstáculos às conquistas do feminismo
(*Teófilo de Queiroz Júnior*), 57

2. Depoimentos: Profissões masculinas × profissões femininas – o mundo mudou?

Mulheres no Ministério Público
(*Rita de Cássia Bérgamo*), 67
Natureza das profissões
(*Renata Cesar Vilardi Tenente*), 72
Professor alfabetizador: um desafio que se transformou em realidade
(*Fernando César Martins Faustino*), 81
Mulher jornalista na área esportiva
(*Sônia Francine Gaspar Marmo*), 85
Mulheres na Polícia Militar
(*Andréia Colombo*), 94
Uma mulher no corpo de bombeiros
(*Silvia Helena Guidi Lima*), 96
Um homem secretário
(*José Tadeu de Siqueira Lima*), 98

3. Educação, saúde e gênero

Masculino-feminino: nada mais "natural"
(*Maria Helena B. Trigo e Lucila R. Brioschi*), 101
O silêncio para esconder os medos
(*Guirado, S.M.M*), 116
Diferenças, desigualdades e conflitos de gênero nas políticas educacionais: o caso do PNE
(*Cláudia Vianna e Sandra Unbehaum*), 118

4. A mulher na política partidária: uma estranha no ninho

A mulher na política partidária
(*Luiza Erundina de Souza*), 151

Com esforço pessoal, a mulher mostra sua polivalência
(*Célia Leão*), 156

A mulher na política local: poder executivo
(*Sandra Sclauzer de Andrade*), 161

A participação da mulher na política municipal:
poder legislativo
(*Sônia Tonin*), 165

A mulher no legislativo local
(*Edith Sands Salgado*), 171

Introdução

Este livro reúne os textos que foram apresentados durante a IV Semana da Mulher, realizada no ano de 2005 de 09 a 11 de março, na Faculdade de Filosofia e Ciências – UNESP/Campus de Marília, promovida pelo Núcleo de Direitos Humanos e Cidadania de Marília. A IV Semana teve como objetivo refletir sobre os avanços e recuos que a questão da mulher enfrentou no passado e na atualidade.

Pretendeu mostrar o que hoje têm abordado as pesquisas sobre a questão da mulher e sobre relações sociais de gênero bem como provocar um debate crítico sobre a temática de forma multidisciplinar. Foram especialmente abordadas a educação e a política, com o intuito de contribuir para as pesquisas que abordam a temática nos vários âmbitos do conhecimento. No que se refere à educação, refletiu sobre o papel dos/as educadores/as com relação à (des) construção de preconceitos e valores solidificados no imaginário da sociedade, trazendo sugestões de práticas pedagógicas com tal objetivo, abordando a diversidade feminina. Outro objetivo do evento foi conhecer olhares e vozes masculinas sobre os movimentos feministas e sobre os papéis de homens e mulheres no âmbito do trabalho na atualidade.

Assim, Norma Kyriakos, discorreu sobre *O papel político do movimento feminista na sociedade brasileira*, enfocando que o feminismo contemporâneo constitui a face extrema e, ao mesmo tempo, a superação do conceito de emancipação utilizado pelos movimentos do século XIX. A luta pela emancipação consistia na exigência da igualdade (jurídica, política e econômica) com o homem, mas mantinha-se na esfera dos valores masculinos, implicitamente reconhecidos e aceitos.

Teófilo Queiroz Júnior apresentou *A visão masculina sobre o movimento feminista*, mostrando que hoje estamos precisamente testemunhando mudanças sociais marcantes, em boa parte decorrentes do movimento feminista e da difusão do feminismo. Acreditando que o movimento feminista tem ainda potencialidades para as necessárias transformações nas relações de gênero, pondera sobre as instâncias de legitimação da desigualdade, a saber: das crenças religiosas, as da legislação e as dos conformismos da tradição.

Em *Do feminismo igualitarista ao feminismo diferencialista*, Antonio Flávio Pierucci retoma a história do feminismo e mostra que a descoberta da diferença feminina enquanto *diferença de gênero* constitui a grande marca distintiva da *segunda onda* da produção intelectual feminista, que provocou um revigoramento do pensamento feminista e da pesquisa acadêmica inovadora.

Neusa Maria Dal Ri, militante feminista nos anos de 1980, ao se dedicar a descrever *Lutas do passado, conquistas do presente e perspectivas futuras: movimento feminista em debate*, abordou as lutas do passado recente, a articulação dessas lutas com a luta mais ampla contra a ditadura, a questão do poder e o movimento feminista enquanto um educador coletivo de massas.

No capítulo *Depoimentos* Profissões Masculinas × Profissões Femininas: o mundo mudou? Sonia Francine Gaspar, a Soninha, mostra que são várias as situações na vida nas quais as mulheres passam por situações de preconceitos sendo algumas muito dolorosas. Rita de Cássia Bérgamo afirma que não dá para negar que discriminação existiu para o ingresso da Mulher no Ministério Público entre as décadas de 1940 e de 1980 mas aconteceu uma lenta progressão para ocupação dessas mulheres nos concursos, que se seguiram a partir de 1946. Renata Cesar Vilardi Tenente mostra que a maioria das profissões existentes são denominadas *unissex*, entretanto, há, ainda, atividades consideradas *masculinas* ou femininas, quer por suas próprias características, quer pelos costumes e tradições da sociedade em que vivemos. Já Fernando César Martins Faustino, atuando num ambiente essencialmente feminino, diz compartilhar com um novo olhar, com uma nova postura quanto à inserção e valorização da mulher na atualidade. Andréia Colombo, aborda a inserção da mulher na Polícia Militar mostrando que foram conduzidas às missões que melhor se ajustavam ao trabalho feminino, conforme as necessidades sociais da época. Silvia Helena Guidi Lima e José Tadeu de Siqueira Lima simbolizam as mudanças em curso na sociedade brasileira, ela, exercendo uma profissão anteriormente considerada *masculina* e ele, uma profissão exercida por mulheres, em sua grande maioria

No capítulo sobre *Educação, saúde e gênero* Maria Helena Bueno Trigo e Lucila Reis Brioschi se dedicam a discutir sobre Masculino-feminino: nada mais *natural mostrando que* este tema é, freqüentemente, percebido como algo natural, ou seja, decorrente das diferenças biológicas entre os sexos. Guirado, S.M.M mostra que há *O Silêncio para esconder os medos*, quando a mãe procede à internação de uma criança e/ou adolescente numa enfermaria de pediatria, é ela quem acompanha, sendo depositária de fantasias, medos e angústias. No que se refere às políticas educacionais, Cláudia Vianna e Sandra Unbehaum discorrem sobre **Diferenças, desigualdades e conflitos de gênero nas políticas educacionais: o caso do PNE** que, vem ao encontro dos anseios do movimento feminista numa significativa fase de mudanças políticas e econômicas acompanhadas por pressões de movimentos sociais, entre os quais o de mulheres e feminista, por transformações no âmbito social.

No capítulo que aborda *A mulher na política partidária: uma estranha no ninho*, Luiza Erundina de Souza aponta para o fato de que além de não possibilitar a eqüidade de participação política para as mulheres brasileiras, o nosso país não consegue resolver seus problemas estruturais de natureza econômica, social e política, sem ampla e profunda reforma institucional, ou seja, ampla e profunda reforma constitucional. Célia Leão, pondera que hoje, com esforço pessoal, a mulher mostra sua polivalência. Sandra Sclauzer de Andrade e Edith Sandes Salgado, ao refletirem sobre a mulher na política local, mostram dificuldades de uma mulher para ascender a um cargo político no âmbito municipal. Essas dificuldades também são apontadas por Sônia Tonin, com relação à atuação das mulheres nas Câmaras municipais.

Finalizando, consideramos que as questões apontadas revelam que valores ideológicos discriminatórios acerca do papel das mulheres na sociedade estão presentes também no imaginário das mulheres. Além disso, há necessidade de se resgatar a importância do movimento feminista como um movimento político pela defesa dos direitos das mulheres.

Esperamos que as reflexões empreendidas pelos autores e autoras nos levem a vislumbrar caminhos através dos quais as mulheres possam se sentir cidadãs no seu sentido pleno, tendo na educação, um *lócus* de práticas de formação para a eqüidade de ambos os sexos.

Tânia Suely Antonelli Marcelino Brabo

1. Movimento feminista em debate

A história do feminismo no Brasil

Norma Kyriakos[1]

Não sou professora e, sim, advogada e mulher. Vou citar vários nomes, de mulheres e homens, in-

---

[1]Norma Kyriakos- Advogada – preside a OFICINA DOS DIREITOS DA MULHER; Procuradora do Estado de São Paulo; Aposentada; Consultora Científica do NEMGE (Núcleo de Estudos e Pesquisas sobre a Mulher e Relações Sociais de Gênero), da USP; Ex-Procuradora Geral do Estado de São Paulo (Governo Montoro); Secretária Geral da OAB SP (1ª mulher- 1987/88); Conselheira Seccional por 2 (dois) mandatos; compõe Conselhos de diversas ONGs.

dependente de cor política, dentro do meu relato. A presença igualitária feminina no mundo e na nossa vida cotidiana não tem sido satisfatoriamente absorvida pelo contexto social. Um esforço concreto nesse sentido ocorreu no último século, de organização e de busca de mudanças. Essa presença igualitária demanda, pois, reflexão e aprofundamento. É fundamental a retrospectiva histórica. A história é que nos situa no tempo e no espaço, segundo Hanah Arendt.

Uma certeza: a abordagem em tela diz respeito à ética, ao mundo dos valores, a nortear a teoria, a ideologia e a prática das pessoas.

As frases

Fernanda Montenegro, no monólogo denominado *Encontro com Fernanda*, apresentado no Centro Cultural do Banco do Brasil, em São Paulo, em março de 1994, falou com a grandeza e simplicidade que a caracterizam: "O palco é o lugar mais libertário que existe na Terra. Ali não se pode ter medo do que é humano".

O nosso tema versa o humano no palco da vida: o feminino e o masculino. Uma leitura da presença feminina, sua ocupação do espaço público, a forte presença do feminismo. Ocorre-me, em seguida, a frase da Advogada Rosiska Darcy de Oliveira, sobre a mulher parceira que a IV Conferência da ONU, em Beijing – 1995, propôs ao mundo:

A mulher que a Plataforma de Ação propõe ao mundo – e que a comunidade internacional endossou – é uma cidadã completa, responsável por si mesma, pela sua família, pela comunidade e sociedade em que vive. Ao partilhar em igualdade de condições essas responsabilidades com os homens, esta mulher é uma cidadã de um mundo civilizado (Rosiska Darcy de Oliveira-Relatório da IV Conferência sobre a Mulher – Beijing, China, 1995 – Apresentação).

É a esperança daquelas pessoas que acreditam na dignidade da pessoa humana. É o Estado do Bem-estar Social, constituído em 1988, na Constituição da República Federativa do Brasil. A sociedade brasileira elegeu, desde o Título I, arts. 1º ao 4º, a pessoa humana como centro do sistema jus político organizado em Estado de Direito Democrático. Aí, a igualdade e a liberdade são interdependentes nessa ordem, para construir a renascente democracia. Temos nos esforçado nessa construção, especialmente as mulheres, no último século. Buscamos atingir um fim: a Justiça Social.

Uma legislação avançada e uma prática atrasada é a nossa realidade. O terror, denominado mercado, destruindo pessoas e povos. Exemplo contundente do poder negativo da força do poder e seu *mercado* é Bush e seu império.

A sociedade brasileira viveu na Constituinte um momento privilegiado. As conquistas das mulheres vicejaram, vindas das lutas do movimento organizado ou não.

Foi graças às iniciativas do Conselho Nacional dos Direitos da Mulher, à época presidido por Jacqueline Pitanguy, que a combativa bancada feminina no Congresso Nacional foi se constituindo. Atenta aos direitos das mulheres, inter-relacionada ao movimento organizado, a bancada apresentou projetos, trabalhou sua apreciação, votação e sanção. Sábia a lei que fixou as cotas de candidaturas femininas para os partidos políticos. Sábios serão os partidos políticos quando investirem na eleição das candidatas mulheres. Elas dão visibilidade e modernidade à luta social e política (Revista da Rede Nacional Feminista de Saúde e Direitos Reprodutivos).

É nítida a ampliação das áreas de ocupação das mulheres no espaço do trabalho, na política, no lar, no mundo, embora não tão nítida a igualdade entre mulheres e homens.

"A Constituição além de ser um documento jurídico e político também é um Estatuto ético." Esta frase é da Procuradora do Estado de São Paulo Mônica de Melo.

Um pouco da história – da antigüidade aos nossos dias

Teu dever é lutar pelo Direito, mas, no dia em que encontrares o Direito em conflito com a Justiça, luta pela Justiça.

A luta pelo direito confunde-se, mais do que nunca, com a defesa da civilização e do desenvolvimento humano. É preciso que o Direito imponha suas regras no plano interno e internacional, para

*que o mundo promova, na prática, a dignidade
da pessoa humana, enquadrando nesse limite o
deus mercado (André Franco Montoro).*

Os direitos humanos e, pois, os direitos das pessoas, surgiram no mundo com a pessoa humana. Com a humanidade.

Nessa idéia de origem comum vem embutida a idéia correlata da igualdade.

Segundo Locke, o primeiro direito que surgiu foi a liberdade. Os homens em seu verdadeiro estado, o natural, eram livres e iguais.

Idade Média é chamada idade das trevas. Destaca-se pela forte influência do catolicismo, ampliando o poder nascente. A maior parte das igrejas da Europa, plenas de religiosidade e poder, data dessa época, assim como as famosas bruxas. Eram mulheres que detinham o conhecimento científico, a elas proibido pelos poderosos da Igreja Católica. Eram processadas e queimadas em praça pública. Não operava o *sagrado* direito de defesa.

A sociedade humana evoluiu.

Hoje, segundo Norberto Bobbio, a questão não é mais fundamentar os direitos, mas protegê-los. Eu diria antes, conquistá-los, na teoria e na prática.

Mundo moderno

Para a organização do mundo atual os grandes marcos transformadores da vida em sociedade foram a Revolução Francesa e a Carta da Independência dos Estados Unidos da América do Norte, já no século XVII. Esta instaurou no mundo o sistema democrático e também republicano. A Revolução Francesa fixou e difundiu os ideais democráticos da liberdade, igualdade e fraternidade, embora estivessem os revolucionários longe desses ideais. Elevada à condição de bem público, à igualdade somente tinham acesso aqueles homens com espaço de poder assegurado: os homens ricos e proprietários e, evidentemente, brancos.

"As mães, as filhas, as irmãs, representantes da nação, solicitam ser constituídas em Assembléia Nacional." O uso da linguagem como forma de discriminação tem sido a praxe desde sempre. É uma forma de violência social, que apaga a identidade, no caso, da mulher, ser humano do sexo feminino. Talvez uma das formas mais difíceis de ser detectada e, portanto, desconstruída. As próprias mulheres ainda não se aperceberam da dimensão deste problema, cujo exemplo mais contundente é a utilização do vocábulo homem para expressar a totalidade da humanidade de ambos o sexos e mais os grupos alternativos.

Hoje, basicamente, os direitos humanos são universais e indivisíveis. Partem do princípio de que existe uma categoria de pessoas que constitui a humanidade e que são iguais em direitos e obrigações. A Declaração Universal dos Direitos Humanos contém um conjunto indissociável e interdependente de direitos individuais e coletivos, civis, políticos, econômicos, sociais e culturais, sem os quais a dignidade humana não se realiza integralmente (*Programa Estadual de Direitos Humanos – Introdução. 1997*).

A história do Brasil

Ao contrário das histórias que nos são contadas, o Brasil tem uma tradição histórica de violência, autoritarismo, inércia e mais valia. Sociedade violenta, onde o que é de todos não é de ninguém, e, portanto, pode ser apropriado e destruído por qualquer um.

Por outro lado, a história do Brasil relata lutas renhidas para a implantação das novas idéias. Exemplo: a Inconfidência Mineira.

O direito de voto para as mulheres (1891), só introduzido em 1934, seria a destruição da família brasileira, segundo um constituinte da primeira república.

O movimento das diretas já – que abreviou a redemocratização do país, após 18 anos de violenta ditadura militar. As mulheres tiveram uma participação significativa.

As mudanças são saudáveis e próprias do sistema democrático.

Com início no final do século XIX, o século XX foi rico na evolução e na emancipação feminina. É destes tempos uma maior visibilidade do feminismo no Brasil, teoria e prática voltada para a valorização da mulher, para a busca da igualdade, compreendida como respeito às diferenças, vistas como valores.

Assim, toda pessoa deve ter garantidos seus direitos civis (direito à vida, segurança, justiça, liberdade e igualdade), políticos (direito à participação nas decisões políticas), econômicos (o direito ao trabalho e à livre iniciativa), sociais (direito à educação, seguridade social (saúde, previdência, assistência social), culturais (direito à participação na vida cultural) e ambientais (direito a um meio ambiente sadio), enfim, direito ao bem-estar social e individual.

Na cronologia das conquistas das mulheres no Brasil, o voto feminino só se tornou realidade em 1934, aprovado em 1932.

Após a Conferência de Nairobi, 1975 – a década da mulher motivou o grande surto da organização e das lutas das mulheres pelos seus direitos. As conquistas eclodiram na década de 1980.

Em 1983 – Governo Montoro: criação do Conselho Estadual da Condição Feminina – Cite-se, a propósito, as Professoras Eva Blay, Ruth Cardoso, a militante política Zuleika Alembert, entre tantas outras. O Conselho tinha por finalidade propor medidas e formular recomendações sobre a integração da mulher na vida política, econômica e cultural do Estado.

É desta época o COJE – Centro de Orientação Jurídica à Mulher, na Procuradoria Geral do Estado, sendo então uma mulher a Procuradora Geral do Estado, representando a Secretaria da Justiça no Conselho, bem como a criação da 1ª Delegacia de Defesa dos Direitos da Mulher, sendo secretário da Segurança Pública o hoje deputado federal Michel Temer.

A partir desta ênfase e entusiasmo conquistou-se a criação do Conselho Nacional dos Direitos da Mulher, que exerceu papel destacado na Assembléia Nacional Constituinte.

Em 1988 a OAB de São Paulo instaurou e instalou estatutariamente a Comissão da Mulher Advogada, precedida por dois Congressos Estaduais da Mulher Advogada.

A partir dessa mesma década e dos órgãos criados, a chamada violência doméstica passou a ser assunto de interesse público. É também dessa época o Serviço Público de aborto legal a partir do Hospital Municipal do Jabaquara, em São Paulo; sendo Prefeita Luiza Erundina de Souza e Eduardo Jorge – Secretário Municipal da Saúde de São Paulo.

Deram-se na década de 1990 as Conferências Internacionais da ONU: de Direitos Humanos, sobre População e Desenvolvimento – no Cairo e a de Beijing esta última relacionada exclusivamente aos direitos humanos das mulheres.

As Leis n°s 8.971 e 9.278, respectivamente de 1994 e 1996 regulamentam o § 3º do art. 226 da Constituição, que constituiu a união estável entre o homem e a mulher como entidade familiar.

A CONSTITUIÇÃO: *o grande marco*

5 de outubro de 1988. Na Constituição, sem maiores dificuldades, identificamos a pessoa humana como centro do sistema. Logo se vê o prestígio dado à pessoa

humana, posto que o registra, sob diversos ângulos, nos primeiros dispositivos ou artigos (Título I).

A cidadania é priorizada. A cidadania, a dignidade da pessoa humana, o pluralismo político, são fundamentos do Estado (art. 1º), promover o bem de todos, sem preconceitos de origem, raça, sexo, cor, idade e quaisquer outras formas de discriminação constituem objetivos fundamentais da república (art. 3º).

O Estado democrático de Direito e do bem-estar social foi constituído no dia 5 de outubro de 1988.

A igualdade de gênero. A Constituição incorporou-a. Incorporou aquela igualdade que estabelece em clima de respeito recíproco "a parceria entre mulheres e homens em relação à vida produtiva e reprodutiva, inclusive na divisão de responsabilidades, no cuidado e atenção às crianças e manutenção do doméstico. ("Pós Cairo" – Cap. 4.1 *Empowerment* das Mulheres – Programa de Ação da Conferência Internacional sobre População e Desenvolvimento – (set. 94) Comissão de Cidadania e Reprodução – CCR – Boletim Série Debates n. 2 – encarte)".

A IGUALDADE da Constituição significa a real e efetiva perante os bens da vida. Todavia, para ser plenamente eficaz, precisa sair do discurso e integrar a ação das pessoas e dos poderes públicos (as políticas públicas) o relacionamento entre os seres humanos.

Consiste, pois, a igualdade, no uso equânime, equilibrado, dos bens e serviços da vida, de tal forma a permitir a todos iguais oportunidades. O acesso livre das pessoas aos serviços públicos de saúde, é um exemplo, a licença maternidade, as creches e o meio urbano saudável, desprovido de violência. O direito à paz, à habitação, à igualdade salarial, ao salário justo, à seguridade social.

É no período que precedeu a Assembléia Nacional Constituinte, na década compreendida entre 1975/1985 que os variados segmentos sociais foram se aglutinando em organizações mais influentes, a exemplo dos/as trabalhadores/as, das mulheres, da comunidade negra, dos/as portadores/as de deficiência, dos/as educadores/as, dos/as defensores/as da criança e do/a adolescente. Os debates se deram de norte a sul, de leste a oeste, os/as aficionados/as da participação popular, os/as índios/as se organizaram e tantos/as outros/as. Criou-se o Partido dos Trabalhadores, foi retomado com maior empenho o Partido Socialista Brasileiro, grupos de mulheres vicejaram no grande partido de oposição, o PMDB.

O NEMGE USP – Núcleo de Estudos e Pesquisas sobre a Mulher e Relações Sociais de Gênero, da Universidade de São Paulo, foi instituído em período mais recente, sob a coordenação da Professora Eva Blay, pesquisando, discutindo, lecionando e desnudando a questão de gênero, a hierarquia existente e revolvendo soluções.

A Oficina dos Direitos da Mulher: organização de caráter prioritariamente jurídico, cujo objetivo é a defesa jurídica dos direitos da mulher, individual e coletiva, incluindo a proteção do meio ambiente, a/o consumidor/a, à ordem econômica, livre concorrência, ao patrimônio artístico, estético, histórico, turístico e paisagístico (art. 5º, II da Lei da Ação Civil Pública e art. 82, IV do Código de Defesa do Consumidor) bem como a defesa e proteção de quaisquer outros direitos e interesses difusos, coletivos e individuais homogêneos.

O Código Civil que entrou em vigor em janeiro de 2003, adotou muitas destas regras, em cumprimento ao dispositivo constitucional.

Do que ficou dito é fácil depreender que se buscou um modelo de Estado transformador, de acordo com os objetivos traçados na Constituição: a vivência do bem-estar social. A meta, que se confunde com o projeto do Estado do Bem-estar social é: SUBSTITUIR A VIOLÊNCIA PELO RESPEITO AOS DIREITOS HUMANOS:

Pela ética:
Da promoção humana, do humanismo
Da solidariedade e da responsabilidade
Da sensibilidade
Da igualdade
Do diálogo
Da competência técnica
Da afetividade
Do cuidado com a(s) outra(s) pessoa(s)

Eu diria a ética do olhar feminino sobre o mundo, sobre o Brasil, o nosso Estado, a nossa cidade, o bairro em que vivemos e atuamos, a nossa rua. Proponho que sejamos todos feministas, como foi Júlio Blay, a quem a Câmara Municipal de São Paulo homenageou em sessão solene, no dia 26 de março, por iniciativa da vereadora Flavia Pereira e do Movimento de Mulheres. Valorizar a mulher é valorizar a sensibilidade, a solidariedade, o afeto, enfim, o bem-estar das pessoas, das famílias, de todos/as na vida cotidiana.

Creio ser este o sentido do feminismo, transformador, novas visões, às vezes de velhas lutas e que exige uma requalificação permanente da cidadania.

Esta é a minha mensagem, de fé nessa utopia prevista na Constituição, em nós mesmas, nas mulheres que somos e nos homens que compartilham e com quem compartilhamos nossa luta.

Do feminismo *igualitarista* ao feminismo *diferencialista* e depois

Antônio Flávio Pierucci [2]

Minha contribuição para as nossas reflexões na mesa desta noite resume-se em contar um pouquinho da história do feminismo, história que irei narrar de um determinado ponto de vista, tentando com isso fazê-la soar menos conhecida aos ouvidos dos presentes. Vou pontuar aqui os três momentos principais de uma *história intelectual*.

As feministas falam muito em diferença de gênero, e evidentemente têm muito a dizer sobre isso. Mas não foi sempre assim, pois no início do movimento feminista, final do século XIX, ainda não tinha sido elaborado o conceito de gênero. Falava-se em sexo e sexualidade, mas não em gênero, ainda não. A descoberta da diferença feminina *enquanto diferença de gênero* constitui a grande marca distintiva da "segunda onda" da produção intelectual feminista, cujo começo no final da década de 1960 trouxe verdadeiro sangue novo para uma retomada vigorosa de um pensamento feminista já um tanto esgotado em sua capacidade de motivar a ação socialmente transformadora e a pesquisa acadêmica inovadora.

---

[2] Sociólogo, Professor livre-docente do Departamento de Sociologia da USP (FFLCH); Mestre em Ciências Sociais pela PUC-SP (1977); Doutor em Sociologia pela USP (1985); Livre-docente em Sociologia pela USP (2001).

Hoje eu vim aqui, repito, para contar uma parte dessa história que, tenho certeza, é bastante conhecida de muitas das mulheres lutadoras que se encontram neste auditório, e foi com essa certeza que estruturei minha narrativa de forma tal a enfocar, não as lutas concretas e conquistas práticas do movimento social das mulheres ao longo de sua gloriosa história, mas sim as lutas *teóricas* e conquistas *conceituais* do pensamento feminista, por que não dizer, da *teorização* feminista.

A história intelectual do feminismo desdobra-se em *três etapas* principais. São as chamadas *três ondas* da teorização feminista, seus três grandes avanços na definição do seu objeto de luta.

As feministas da "primeira onda", por exemplo, não usavam a palavra *diferença*, empenhadas que estavam em transformar o sexismo, isto é, o discurso *misógino* convencional acerca da diferença entre os sexos, no discurso *andrógino* da abstrata indistinção de natureza entre homem e mulher e, nesse registro, conquistar para as mulheres, oportunidades, postos e direitos *iguais* aos dos homens. Com que então, podemos dizer que a primeira onda de teorização feminista foi basicamente *igualitarista.* Por décadas a fio, quase uma centúria de anos, a grande reivindicação do feminismo da "primeira onda" foi a *igualdade* entre os sexos — igualdade em termos jurídico-legais, civis e políticos "para já" e, "para o futuro", a maior igualdade econômica e social possível. Nas fileiras feministas mais radicais surgidas no começo do século XX na esteira do sucesso da obra psicanalítica de Freud, a demanda igualitária avançava um pouco mais o sinal e pedia, também, igualdade para homens e mulheres no tocante aos direitos individuais à liberdade sexual (o chamado "amor livre"). As feministas da "primeira onda" eram imperturbavelmente igualitaristas. Hegemonia total de um igualitarismo forense que é *abolicionista* de todas as formas de escravidão, servidão e subordinação herdadas. Isso foi assim do final do século XIX até os entornos de 1968, ano da grande rebelião cultural dos jovens no Primeiro Mundo com imediatos reflexos na mocidade do Terceiro, mesmíssima época da pílula anticoncepcional. Os ventos passavam então a soprar a favor, não mais da igualdade entre homem e mulher, mas da diferença entre elas e eles. Começava a "segunda onda".

Num primeiro momento da "segunda onda", o uso do termo *diferença* pelas feministas limitou-se a revirar o sentido pejorativo do velho argumento sexista de que as mulheres são de fato diferentes dos homens, e quando eu digo revirá-lo quero dizer inverter-lhe o sinal negativo, bloquear a carga inferiorizante de um preconceito tradicionalista e explorar, em favor das mulheres "enquanto mulheres", o dado da diferença sexual com todas as suas mais impertinentes decorrências e implicações até então impensadas. Por exemplo: a que se deve tal diferença, à natureza ou à cultura? trata-se de um dado biológico ou de um fato cultural? o que significam e implicam um e outro? qual dos dois é o mais irredutível, o natural ou o cultural? se é verdade que as mulheres e os homens são de fato diferentes entre si, por que as leis em seu formalismo não podem tratar as mulheres e os homens de forma positivamente diferente?

Só sei que a "segunda onda" representou para o feminismo um verdadeiro renascimento teórico. E foi nesse aflorar de criatividade intelectual que nos círculos acadêmicos algumas intelectuais feministas começaram a falar em *diferença de gênero*. Cito, apenas de passagem, os nomes de Anne Oakley e Gayle Rubin[3]. "Sexo" passou então a ser uma categoria distinta da categoria "gênero". E a partir daí seguiu-se um importante esforço de fundamentação teórica desta nova e grande descoberta: *a distinção sexo/gênero.*

As implicações dessa descoberta conceitual foram revolucionárias não só para os projetos, demandas e consignas do movimento das mulheres, mas também para as ciências sociais e o pensamento filosófico. Há quem considere a *distinção sexo/gênero* o berço esplêndido dos estudos feministas modernos, um começo de tudo, em tudo e por tudo extraordinário, com notável impacto sobre teoria e prática, quero dizer, sobre as práticas quotidianas e lutas políticas das mulheres e, ao mesmo tempo, sobre a teorização feminista, que passou a florescer como nunca.

Desse nascimento, é bom lembrar, o anúncio precursor foi feito por Simone de Beauvoir já em 1949,

---

[3] As duas obras mais usadas como fontes da distinção sexo/gênero são: Oakley (1972) e Rubin (1975). Parece-me que, no Brasil, Gayle Rubin é a mais lembrada como pioneira no esforço de conceituação.

em seu livro *O segundo sexo*, cujo título emblemático punha o dedo na ferida da "secundariedade feminina", para usar a expressão de Malu Heilborn, e trazia em suas páginas, lá pelas tantas, aquela frase também ela emblemática, uma espécie de condensação *avant la lettre* do grande e perturbador achado em torno do qual giraria todo o esforço de elaboração teórica despendido pelas intelectuais feministas no decorrer das três últimas décadas do século XX. A frase precursora: "Ninguém nasce mulher: torna-se mulher". A tradução desse grito de guerra para o espanhol deu até em rima: "Mujer no se nace, se hace". O pleno esclarecimento categorial dessa intuição só viria vinte anos mais tarde, qual seja: "sexo" é um dado biológico e "gênero", um fato cultural.

"Sexo" é o dado biológico de uma classificação cultural doravante chamada "gênero". "Sexo" é o substrato biológico sobre o qual são construídas as práticas socioculturais de "gênero". Ainda noutras palavras, "sexo" é a base biologicamente dada sobre a qual se impõe social e culturalmente o "gênero", que é, desse modo, uma *construção social*. As palavras "macho" e "fêmea" identificam clinicamente pessoas em termos de suas naturezas biologicamente sexuadas; as palavras "masculino" e "feminino" identificam socialmente pessoas em termos de seus gêneros. Do ponto de vista da distinção categorial *sexo/gênero*, um corpo sexuado de fêmea é culturalmente percebido e socialmente construído como sendo feminino; um corpo sexuado de macho é culturalmente percebido e socialmente construído como masculino. Mulheres e homens são, portanto, seres complexos cujos corpos sexuados são culturalmente *en-gendered*, como se diz em inglês, ou seja, "constituídos em gênero", conforme tentativa feita pela feminista brasileira Heleieth Saffiotti de traduzir um jogo de palavras em inglês que é intraduzível para o português: *gender, gendering, gendered, engendered*. Gênero é, assim, "uma categoria social imposta sobre um corpo sexuado", resumiria no final dos anos 1980 a historiadora e feminista Joan Scott, uma das mais prestigiadas autoridades intelectuais praticantes da chamada "história das mulheres".

É na prática da pesquisa em "história das mulheres" que começa para valer a "segunda onda" da teorização feminista — *women's history*. Ou a palavra certa quem sabe não seria *herstory*, a "história dela", não dele, não *his*, não *his-story*, mas *her*, "dela", como um dia quiseram e propuseram as mais radicais dentre as historiadoras anglófonas praticantes da "história das mulheres"? Ramo novo da historiografia preocupado basicamente em dirigir o foco da pesquisa histórica para a *especificidade feminina*, para a *cultura feminina* como uma experiência femininamente irredutível (já que é compartilhada somente pelas mulheres) de sujeição, subordinação e opressão baseadas na diferenciação sexual binária, foi primeiramente nesse ramo da pesquisa histórica que o enfoque da diferença acabou mostrando seu valor heurístico como produtor de

35

novos conhecimentos sobre o passado das mulheres, "sujeitos invisíveis da história", protagonistas emudecidas de suas próprias histórias.

O feminismo da "segunda onda" é, pois, diferencialista. É importante reter essa informação. Trata-se agora de valorizar a "diferença", pensada primeiro através da *diferença de gênero*, passando primeiro por ela. Que outra diferença, afinal, poderia ser mais importante do ponto de vista das feministas naqueles idos não tão remotos, situados nalgum momento entre a metade e o final da década de 1970? A avidez com que muitas intelectuais acolheram a demanda por explorar teórica e documentalmente a "diferença" na chave da "diferença de gênero" levaria no entanto à criação da figura de uma *womanhood* abstrata, por oposição à velha humanidade pensada pelas "grandes narrativas" ocidentais enquanto *manhood* (e *manhood* em inglês quer dizer, ao mesmo tempo e sorrateiramente, humanidade e virilidade). Uma *womanhood* contrastiva emergia num imaginário feminista que na época andava empolgado por um incontido e sincero desejo de solidariedade feminina, aditivada com um confortável senso de parentesco, como se formassem, todas elas, a mais completa *sisterhood*, uma "irmandade de mulheres".

Procurando consolidar na academia os avanços de uma intelectualidade feminista com a implantação dos chamados *Women's Studies* (basicamente antropologia, sociologia, história e teoria literária), alguns esforços de teorização resvalaram às vezes no desiderato de montar uma "grande narrativa" sobre "A Mulher", noutras palavras, sobre "a" diferença feminina, desbiologizada de um lado, em virtude do conceito de gênero, mas essencializada do outro.

Parece que elas tinham caído no que eu costumo chamar de *ciladas da diferença*[4]: a fixação do olhar na diferença acabaria dando em fixação essencializante de uma diferença que, de início, era para ser apenas... cultural. O conceito de gênero como sucedâneo do conceito de diferença sexual passava a "confinar" o pensamento crítico feminista no arcabouço conceitual de uma oposição universal de sexo: a mulher como sendo "a" principal diferença do homem, ambos universalizados. Ou: a mulher como diferença pura e simples e, portanto, igualmente universalizada. Ficava, assim, cada vez mais dificultada teoricamente, se não impossibilitada, a exigência intelectual por articular "A Mulher" com as diferenças entre "as mulheres" ou, mais exatamente, com as diferenças "nas próprias mulheres".

O novo discurso do saber feminista, basicamente de língua inglesa, vazado numa lexicalidade nova, num vocabulário às vezes inusitado e muitas vezes intraduzível para outras línguas — *gendered, engendered, gendering, womanhood, sisterhood* —, vinha para revalorizar a diferença feminina. Para dizer que A Mulher, agora pensada com letra maiúscula, goza de características

---

[4] Ver o capítulo I do meu livro *Ciladas da diferença* (São Paulo, Editora 34, 2ª edição, 2000).

específicas que a diferenciam d'O Homem para melhor. Exemplo disso são aquelas experiências incomensuravelmente femininas, específicas do corpo feminino e intransferíveis, como a maternidade e a "maternagem" com sua tríade altamente feminina de gravidez, parto e aleitamento — tudo isso que, somado, veio dar na construção de uma idéia de "cultura feminina" positivamente diferente da "cultura masculina" como padrão hegemônico de humanidade.

Da androginia igualitarista da "primeira onda", cujo espírito *genderless* ecoa até hoje nas demandas por cotas para mulheres ou mesmo por paridade de representação, passava-se, na "segunda onda", à cisão em dois, à bipartição, a um novo dimorfismo: *manhood* versus *womanhood*. "Gênero", distinguindo o feminino do masculino, ou melhor, construindo o feminino como diferente do masculino, logo se fixou como categoria dicotômica recriando em novo patamar o dimorfismo sexual da espécie biológica *homo sapiens*. O nome "diferença de gênero", naquele momento, parecia não ter outro significado senão o de descontinuidade *entre os dois* gêneros: *gender difference = difference between genders*, masculino e feminino. Não mais que dois. Logo, dicotomia. E dicotomia essencializada.

Ocorre que a diferença é, ela mesma, um fazedor de diferença, um *difference maker*. Se mulher aprende que é bom ser diferente de homem, logo vai aprender que é bom também ser diferente de outras mulheres. Por exemplo: ser uma mulher negra é ser uma mulher, mas é também ser uma negra, noutras palavras, é ser uma mulher cuja identidade é constituída *diferentemente* da identidade da mulher branca. Sem que se percebesse, não se estava mais falando apenas de diferenças sexuais. E o que dizer das diferenças entre mulheres que usam véu hoje na Europa e as que não cobrem a cabeça nem com chapéu? Trata-se de diferenças no pertencimento étnico ou etnonacional, ou de diferenças que às vezes são puramente religiosas. Invocam-se desde então diferenças que são alteridades de mundos vitais, de valores culturais e pautas comportamentais, distâncias culturais nem sempre pequenas e que estão desde logo instaladas no seio mesmo daquela imaginária "irmandade das mulheres" constituída pela diferença de gênero que a "segunda onda" feminista embalou.

A "terceira onda" começa, portanto, onde começa a descoberta, feita na prática das lutas sociais que se multiplicam e se diversificam, de que existem diferenças coletivas significativas "entre as mulheres". Descobre-se de repente que, na vida, relações de amor ou de opressão não acontecem entre duas figuras genéricas e espectrais, "homens simplesmente e simplesmente mulheres". As relações de gênero que de fato acontecem na vida são sempre relações sobredeterminadas e multidimensionais entre subjetividades *complexas*.

Nem bem começava a década de 1980 e a discussão teórica entre as feministas já se deixava polinizar fartamente pela mais nova descoberta prático-teórica,

39

a da *multiplicidade feminina*. Mulheres de grande prestígio intelectual começaram a levar a sério a suspeita de que falar *da mulher*, dos problemas e interesses *da mulher* e em especial da "mulher enquanto mulher", da "mulher enquanto tal", era *essencialismo*. As suspeitas e mesmo acusações de essencialismo que então surgiram e, politizadas, logo se avolumaram no decorrer dos anos 1980, podem ser resumidas na descoberta (mais uma!) de que o foco sobre as mulheres "enquanto mulheres" favorecia na verdade um único tipo de mulher, a saber: as mulheres brancas de classe média dos países ocidentais desenvolvidos. Fazer hoje uma crítica como essa é quase dizer um truísmo, mas na época era uma sensação. No decorrer de pouco mais de uma década entendeu-se que, por trás da figura da mulher universal, estavam ocultas as "mulheres brancas, ocidentais, burguesas e heterossexuais", justamente aquelas que haviam desde sempre se mostrado insensíveis e indiferentes, não só aos problemas das mulheres de outras raças, culturas e religiões, mas até mesmo à sorte das mulheres brancas de outras classes que não a sua, ou daquelas que praticam uma sexualidade distinta da sua. Não dava mais para ficar isolando o gênero das outras determinações sociais, das outras variáveis independentes, das outras pertenças coletivas das mulheres. A menos que o gênero fosse qualificado no contexto da classe e da raça, seu uso puro e simples ficava suspeito.

"Gênero", portanto, que desde o seu *début* na década de 1970 foi uma categoria problemática, ficava assim mais problemático ainda. Era o mínimo que diziam as feministas opositoras do essencialismo, posição de combate que com o passar do tempo acabaria empalmando a hegemonia teórica nos estudos feministas. Uma nova concepção de objetividade do relato histórico e da teoria sociológica emergia, então, exarada nos termos metateóricos de uma nova exigência de validade cognitiva para os estudos feministas. Nesse meio (é preciso enfatizar tal dado), as intelectuais *negras e asiáticas* já se faziam representar com certa visibilidade, ainda que muito minoritariamente. Muito em função dessas novas personagens em cena, a insatisfação aflorava em meio a palavras hiperpolitizadas de suspeição, quando não de rejeição, do paradigma de gênero. Palavras duras passaram a ser dirigidas ao exclusivismo da categoria gênero: excludente, repressivo, etnocêntrico, racista. A nova exigência posta para as análises de gênero era a de não se poder ignorar o fato histórico e também existencial de que a identidade de gênero está intrinsecamente vinculada com outros aspectos significativos da posição social e da pertença cultural, sob pena de não darem conta da verdadeira relação de opressão que o sexismo representa. Se não se pode isolar o sexismo de outras formas básicas de subordinação e opressão, o gênero não pode do mesmo modo ser isolado dessas outras formas de identificação sociocultural.

Foi assim que à "diferença entre homem e mulher" vieram se somar as "diferenças entre as mulheres". A mais nova vertente do debate teórico feminista não enfatiza tanto a diferença entre homem e mulher, o dimorfismo masculino/feminino, mas sim, e cada vez mais, as diferenças "entre as mulheres", em resposta aos seguidos apelos por uma abordagem mais complexa das experiências femininas. Pede uma abordagem que explore não só os conflitos entre homens e mulheres, mas também os conflitos entre as mulheres.

Retomando: nem bem se consolidara de modo satisfatório a descoberta intelectual da diferença de gênero e da comum condição feminina de subordinação ao pólo masculino, e já se tornavam crescentes nos anos de 1980 as demandas pelo reconhecimento da "heterogeneidade interna" do mulherio, ao lado das demandas por um registro historiográfico, etnográfico e sociológico da "conflituosa diversidade" de experiência das mulheres. Foi a pluralidade de situações e experiências femininas reais que passou a exigir essa *perspectiva multifacetada*. Afinal, quando se quer "contar a história toda", é preciso ir atrás das interconexões e superposições *dos vários sistemas de poder* que dão forma às vidas das mulheres.

Além do gênero, dois outros sistemas de poder passaram a figurar como imprescindíveis: a *raça* e a *classe*. Isso quer dizer que, do enfoque binário de gênero, a legitimidade acadêmica foi logo se deslocando para esta poderosa tríade: *gênero, classe e raça*. Surgia assim uma produção acadêmica que, interessada nas *relações de poder entre as mulheres*, passou a fixar a atenção nas mulheres de diferentes raças e diferentes culturas de classe. Muita influência, nesse momento, da perspectiva do historiador inglês E. P. Thompson; além de Foucault, claro. Animadas por um marxismo focado nos modos de vida da classe trabalhadora e alavancadas pela microfísica do poder teorizada por Foulcault, as teóricas feministas começaram a explorar em suas pesquisas empíricas e em seus esforços de teorização a dinâmica complexa das relações de poder através das quais *mulheres oprimem outras mulheres*. Foi quando as feministas de esquerda passaram a colocar "mais classe" nos estudos feministas: mais classe trabalhadora, mais mulheres trabalhadoras, mais trabalho e divisão do trabalho, mais divisão *sexual* do trabalho, mais subculturas classistas da classe trabalhadora, mais modos de vida das trabalhadoras. Mais relações de trabalho, em suma. E eis que surge em plena "terceira onda" a figura emblemática da empregada doméstica superexplorada por uma patroa burguesa emancipada do serviço doméstico graças precisamente à empregada.

O curioso depois de tudo é que, por maior que ainda fosse naquela época o prestígio intelectual do marxismo entre as intelectuais feministas, sobretudo junto às historiadoras, tenha sido a consideração da variável *raça* o fator de maior influxo na implosão da idéia idílica de uma irmandade universal das mulheres. A raça teve aí um peso muito maior que o da classe. A afirmação do fator *raça/cor* bem no miolo da diferença de gênero inseria-se no caudal de um movimento social específico e poderoso desde os anos de 1960, *o movimento negro*, que nos anos de 1980 passou a se entrecruzar com este outro movimento social também de peso e impacto midiático, o movimento feminista. Isso fez da recepção do fator *raça/cor* no nicho intelectual das pesquisadoras feministas um evento de efeitos muito mais salientes na produção intelectual e na agenda política do movimento do que a defesa pró-marxista do fator *classe*.

O fato é que nos estudos feministas a diferença de *raça/cor* acabou pesando mais que a diferença de *classe* no combate ao risco de um exclusivismo teórico da categoria gênero.

Lutas do passado, conquistas do presente e perspectivas futuras: movimento feminista em debate

Neusa Maria Dal Ri [5]

Em primeiro lugar, quero agradecer ao convite para participar deste debate, e parabenizar a Comissão Organizadora e o Núcleo de Direitos Humanos e Cidadania da Faculdade pelo excelente trabalho que estão realizando. Sem dúvida, o debate sobre esta temática é não apenas oportuno, mas fundamental para dar continuidade à reflexão e à luta pela igualdade da mulher na sociedade. E, nesta Faculdade, a produção do Núcleo tem sido fundamental no que diz respeito aos trabalhos de pesquisa, de extensão e de reflexão realizados sobre a referida temática.

Em segundo lugar, quero dizer que quando recebi o convite para esta mesa-redonda, foi-me solicitado que apresentasse, em minha fala, a experiência pela qual passei, nos anos de 1980, e que envolveu intensa participação no movimento de mulheres e entidade representativa desse movimento na cidade de São Carlos, Estado de São Paulo.

Dessa forma, vou dividir a minha fala em três momentos: as lutas do passado recente; a articulação dessas lutas com a luta mais ampla contra a ditadura; e a

---

[5] Professora livre-docente do Departamento de Administração e Supervisão Escolar da Faculdade de Filosofia e Ciências – UNESP – Campus de Marília.

questão do poder e o movimento feminista enquanto um educador coletivo de massas.

As lutas do passado recente

Quero enfocar, de forma breve, o Movimento Feminino da década de 1980 e a história de lutas da Associação de Mulheres de São Carlos (AMUSC), experiências das quais participei por mais de dez anos.

Fui fundadora e, depois, presidente desta entidade nos anos de 1982 a 1985, e nela permaneci trabalhando até 1990, quando vim para a UNESP. Essa entidade teve uma importância grande na época, pois suas ações ficaram conhecidas nacionalmente.

A AMUSC foi criada em 1981, fruto de quase dois anos de trabalho levado a cabo por um grupo de mulheres formado por professoras, estudantes, pós-graduandas, donas de casa, mulheres que participavam das Associações de Bairros da cidade, entre outras.

O contexto no qual vivíamos naquela época era o da ditadura militar. Da mesma forma que o Movimento Estudantil, o Movimento Sindical, o Movimento de Associações de Bairros e, um pouco mais tarde, o Movimento Docente, o Movimento Feminino tratou, também, de reconstruir as suas entidades representativas que tinham sido aniquiladas pela ditadura militar.

Em 1981, a Conferência das Classes Trabalhadoras deliberou pela construção da Central Única dos Trabalhadores. Nesse mesmo ano, as entidades coordenadoras de bairros e favelas reuniram-se no Rio de Janeiro e aprovaram a proposta de fundação da Confederação Nacional dos Bairros. Os estudantes já tinham realizado seu Congresso de Reconstrução da União Nacional dos Estudantes, em 1979, aliás do qual participei como delegada da Faculdade de Filosofia, Ciências e Letras, USP, de Ribeirão Preto. Também, em 1981, os estudantes reconstruíram a União dos Estudantes Secundaristas. E, em outubro desse mesmo ano, foi realizado o Congresso de Reconstrução da Federação das Mulheres Paulista e, posteriormente, em julho de 1989, foi fundada a Confederação das Mulheres do Brasil.

Da mesma forma que nos outros movimentos, havia, também, no interior do movimento feminino uma divisão teórico-prática ocasionada principalmente pela influência das políticas dos partidos de esquerda e pelo entendimento diferenciado que se tinha a respeito de como encaminhar as lutas das mulheres. O movimento se dividia praticamente em dois blocos, o das chamadas feministas que utilizavam a denominação de *movimento feminista* e um outro que se denominava *movimento feminino* ou *movimento de mulheres*. A principal diferença encontrava-se no fato de que as feministas defendiam uma luta que colocasse como ponto central a subordinação da mulher na sociedade, ou seja, partia das diferenças de gênero, enquanto que as adeptas da nomenclatura de movimento feminino, acreditavam que a luta pela igualdade da mulher na sociedade estava intimamente ligada à luta de classes.

De qualquer forma, havia vários pontos em comum, em especial os que diziam respeito às questões específicas das mulheres.

Quanto à AMUSC, vou fazer menção às principais frentes de lutas que ela desencadeou, algumas das quais em sintonia e com o apoio de outras entidades representativas de estudantes e trabalhadores.

A primeira que cito foi a luta pela instalação da Delegacia da Mulher na cidade.

Naquele momento, era fundamental a conquista e a implantação das delegacias de mulheres, ou seja, um lugar no qual as mulheres agredidas, ameaçadas, violentadas pudessem ser atendidas com o mínimo de dignidade.

A primeira Delegacia de Defesa das Mulheres foi criada e instalada na Grande São Paulo, no dia 6 de agosto de 1985, por decreto do então governador Franco Montoro. São Carlos foi a segunda cidade do interior paulista que conseguiu instalar a Delegacia da Mulher. Porém, foi uma luta muito grande, pois houve oposição muito forte do segmento político, bem como da corporação policial da cidade. Esses segmentos argumentavam que "a delegacia ficaria jogada às moscas". Esses argumentos foram utilizados também antes da instalação da Delegacia de Mulheres em São Paulo. Mas, para se ter uma idéia mais precisa do significado dessa Delegacia, logo nos primeiros meses de funcionamento, houve 8.000 denúncias e 4.000 homens foram indiciados. Isso em um momento no qual a Delegacia era uma novidade e as mulheres ainda tinham muito medo de fazer as denúncias. A partir da atuação da Delegacia da Mulher de São Paulo, outros estados foram criando as suas delegacias especializadas. Em 1988, a Delegacia da Mulher estava instalada em onze estados do país (BRASIL MULHER, 1988, p. 40).

No entanto, com a oposição articulada em São Carlos, a Delegacia de Mulheres apenas foi instalada depois que a AMUSC realizou uma passeata nas ruas da cidade carregando o corpo de uma mulher que tinha sido assassinada pelo marido enfurecido e com ciúmes.

A segunda frente de luta que cito foi contra o desemprego e contra a carestia. Essa luta na cidade ficou marcada principalmente por dois movimentos: pela instalação da Sunab (que depois se transformou no Procon) e o movimento que ficou conhecido como *pula-roleta*.

A AMUSC realizava mensalmente uma pesquisa de preços dos itens básicos em todos os supermercados da cidade. De posse desses dados, elaborava uma tabela comparativa que era publicada e distribuída aos sábados para a população. Essa tabela era bastante disputada pelas pessoas, pois essas a utilizavam para fazer as suas compras. Muitos supermercados, após a publicação da tabela, rebaixavam os seus preços. A Associação também realizava uma espécie de fiscalização nos supermercados em torno da data de vencimento dos alimentos, condições de armazenamento, entre outros. Naquela época, esses itens mínimos de proteção ao consumidor não eram respeitados pelos estabelecimentos e, também, a população não tinha a prática de efetuar uma fiscalização. Assim, dessas atividades resultou a instalação de uma seção da Sunab (Superintendência Nacional do Abastecimento, extinta em 1997) na cidade para atender ao consumidor. São Carlos foi a primeira cidade a ter a Seção da Sunab instalada.

Mais tarde, foi criado o Procon (Fundação de Proteção e Defesa do Consumidor) para atender a Lei nº 8.078, de 1990, que dispõe sobre a proteção do consumidor.

Um outro movimento que foi desencadeado na cidade, com a participação ativa da AMUSC, foi o denominado *pula-roleta*. No início dos anos de 1980, dois dos maiores problemas com os quais a população se confrontava era a alta taxa de inflação, bem como os aumentos abusivos dos preços das mercadorias, em especial dos gêneros de primeira necessidade. Na cidade, a população enfrentava, todos os anos, ou mesmo semestralmente, os aumentos abusivos dos preços das passagens de ônibus urbano. Os preços não tinham nenhum controle, pois havia um acordo entre o prefeito e a empresa que sempre ganhava a licitação. Dito de outra forma, o prefeito recebia propina e, em contrapartida, todos os aumentos solicitados pela empresa eram aprovados pelo executivo.

Em 1983, as entidades resolveram iniciar um movimento contra os aumentos abusivos das passagens de ônibus e propuseram a atividade do *pula-roleta*. A população aderiu ao movimento de forma massiva. Todos os dias saíam matérias na grande imprensa, em nível nacional, como na Folha de São Paulo, Estado de S. Paulo, etc., comentando os episódios. O movimento tinha também um aspecto engraçado, pois ele iniciou-se com a participação dos estudantes. Mas, depois, com a aderência da população, até as pessoas idosas participavam, e os estudantes as ajudavam a pular as roletas, ou então as pessoas saíam pela porta dos fundos. Houve, nessa época, muitos atos públicos com a participação intensa da população e a AMUSC se destacava com suas intervenções.

A terceira frente de lutas era constituída pelas questões mais específicas de gênero. Tratava-se das lutas pelo acesso ao mercado de trabalho, pela saúde e educação da mulher, pela participação política, entre outras. Praticamente não havia representantes mulheres no Congresso, talvez duas ou três naquela época no Congresso, e acho que nenhuma no Senado.

Também havia a reivindicação de mudança das leis, da Constituição. Um exemplo do que ainda vigorava nas Leis pode ser dado pelo fato, até então, de o homem ter o direito de pedir a anulação do casamento se constatasse, depois de casado, que a mulher não era mais virgem. Assim simples, como se tivesse comprado uma geladeira e descobrisse que ela tinha defeito, e então a devolvia.

Essas questões foram modificadas, sobretudo depois da Assembléia Constituinte e com a promulgação da Constituição de 1988.

Movimento feminino e a luta contra a ditadura

Sem dúvida, a grande penetração popular que o Movimento de Mulheres alcançou naquela época, do meu ponto de vista, estava ligada principalmente ao fato de que, além de lutar pelas suas questões específicas, quais sejam, contra a violência e exploração da mulher, pela igualdade de direitos, pelo acesso da mulher ao mercado de trabalho, pela discriminalização do aborto, entre outras, o movimento soube somar-se às lutas mais gerais de toda a população que eram fundamentalmente contra a ditadura e pela volta do Estado de Direito, contra o desemprego e contra a carestia. As reivindicações e batalhas ocorriam em todos os espaços possíveis, no interior das organizações, como fábricas e escolas, no parlamento, e principalmente nas ruas. E acredito que muitas das conquistas não teriam sido possíveis se o movimento de mulheres não estivesse articulado com outros movimentos e entidades e com o anseio geral de toda a população.

Isso nos mostra e nos ensina que as lutas específicas têm, muitas vezes, uma dimensão muito volátil, porque as estruturas fundamentais do sistema continuam em pé, e hegemonizam as mentes e os corações das pessoas. O que eu quero dizer com isso é que sem a articulação dos movimentos com as lutas mais amplas de toda a sociedade, que avancem no sentido de ocupar espaços sob e sobre as estruturas fundamentais da sociedade, fica muito mais difícil atingir os objetivos específicos.

O poder e o movimento feminista como educador coletivo de massas

E que relação poderíamos fazer entre as lutas do movimento feminista e a educação?

Eu penso que o fenômeno da dominação é algo que transcende as instâncias do Estado e das relações de produção capitalista. Há autores, como por exemplo, Mendel e Vogt (1975), que defendem a idéia de que a dominação, antes de tudo, apresenta-se como um acontecimento atinente à reprodução humana. É um fenômeno social elementar ou básico e que se dá por meio da socialização primária, por meio da educação. Nesse processo, a criança e a mulher emergem na história humana, respectivamente, como infante, ser imaturo – e como ser subalterno, ambos submetidos à supremacia masculina. Com as sociedades de classes, essa supremacia masculina foi exacerbada.

De acordo com esses autores, a socialização dos meios de produção e a socialização do poder, ainda que sejam imprescindíveis para a construção de uma sociedade justa, não são suficientes para erradicar o fenômeno, ou seja, para colocar a mulher em pé de igualdade com o homem na sociedade e acabar com a dominação.

Outros pesquisadores, como por exemplo, Godelier (1980), também afirmam que a dominação sobre a mulher transcende as sociedades de classe. Embora tenham existido sociedades matrilineares no passado, nas quais as mulheres fossem muito autônomas e tinham poder, parece que na grande maioria das formações sociais existentes é possível detectar a supremacia e a dominação masculina.

Nesse sentido, podemos concluir que a luta pela igualdade de gênero vem sendo levada ao longo dos séculos e terá muito que avançar ainda. Mas, concluímos também que a educação tem um papel importantíssimo nesse processo.

Por outro lado, a pedagogia tem se preocupado principalmente com a educação escolar. No entanto, processos educativos encontram-se presentes sob várias formas em diversos níveis da sociedade.

O movimento feminista resulta em uma organização que luta para alcançar certos objetivos e em função desses objetivos ele promove inúmeras ações, como esta (o debate) que estamos vivenciando agora. Muitas dessas ações, na medida em que incidem sobre os integrantes do movimento, alteram a percepção, os conhecimentos e, em geral, a consciência que eles têm de mundo. Desse modo, e segundo uma idéia desenvolvida por Gramsci (1979), os movimentos sociais atuam também como um educador coletivo.

Dessa forma, nós, as educadoras, deveríamos tomar o movimento feminista como uma grande escola, pois a pedagogia que forma os novos sujeitos sociais e que educa seres humanos não cabe numa escola no *stricto sensu*. Ela é muito maior do que isso e envolve a vida como um todo. É uma educação que passa pelo aprendizado da luta social, pela organização coletiva democrática, pela cooperação, pela história e memória do movimento, como se está fazendo neste momento, e pela cultura que é produzida e vivida pelos sujeitos sociais.

Essa é uma dimensão do movimento muito importante e que poderia ser trabalhada de forma mais aprofundada e consciente.

E faço uma pergunta simples: como é que os nossos filhos são educados, ou melhor, como é que as mulheres educam os seus filhos? Com os valores feministas ou de acordo com a ideologia machista? Todos sabem a resposta. Criar e disseminar uma contra-ideologia é algo muito difícil, mas também algo muito poderoso.

Dessa forma, as perspectivas futuras, do meu ponto de vista, estariam baseadas na aglutinação dessas três questões: levar as lutas específicas; articular com os movimentos e questões mais gerais da sociedade; e desenvolver o movimento feminista como um educador coletivo de massas.

Propostas como a de criar disciplinas nos cursos, como por exemplo, Movimentos Sociais e a questão de gênero, que discutam e implementam novos valores, deveriam ser defendidas e implantadas pelas educadoras como um instrumento de criação de uma contra-ideologia em favor da igualdade e da democracia.

Referências Bibliográficas

DELEGACIAS DA MULHER ENFRENTAM DRA-MA DA VIOLÊNCIA DOMÉSTICA. *Revista Brasil Mulher*. São Paulo, Ano I, n. 0, jul., pp. 39-40, 1988.

GODELIER, M. A. *As relações homem-mulher: o problema da dominação masculina*. Civilização Brasileira. Rio de Janeiro, v. 26, pp. 9-30, 1980.

GRAMSCI, A. *Os intelectuais e a organização da cultura*. Rio de Janeiro: Civilização Brasileira, 1979.

MENDEL, G.; VOGT, C. *El manifesto de la educación*. Madrid: Siglo Vientiuno, 1975.

Considerações sobre obstáculos às conquistas do feminismo

Teófilo de Queiroz Júnior

Minha presença nesta mesa requer alguns esclarecimentos. Fui honrado com um convite muito amável e insistente, que agradeço de público. Aceitei-o, mas só depois de ficar assegurado que eu não seria participante deste encontro como especialista no assunto feminismo, pois não tenho essa qualificação. Considero-me um observador apenas, porém atento e interessado, nesse processo social que vem exercendo importante contribuição aos avanços das questões de direitos humanos, com significativas mudanças na sociedade contemporânea. Pesaram também em minha aceitação a oportunidade de estar neste conceituado ambiente universitário da UNESP, que ainda não conhecia, ocasião para desfrutar das presenças e dos conhecimentos dos ilustres colegas desta mesa.

Feitos estes esclarecimentos, cabe-me acrescentar que não trago para expor seja a profundidade de alguma pesquisa rigorosa; seja uma inovadora interpretação de dados atuais, seja qualquer informação porventura não conhecida dos que me ouvem. Para corresponder ao formato de uma mesa com mais de um expositor serei breve e ficarei limitado a considerações gerais sobre apenas um dos aspectos do assunto em foco. Vou dispensar-me de arrolar e classificar conquistas do movimento feminista por dois motivos: um deles é que esses fatos são muito difundidos e comentados; já o outro é a dificuldade que têm os contemporâneos para a apreensão mais objetiva e a avaliação mais adequada das mudanças muito relevantes ainda em curso. Nos dias que correm, estamos precisamente testemunhando mudanças sociais marcantes, em boa parte decorrentes do movimento feminista e da difusão do feminismo.

Incluo-me entre os que admitem que o movimento feminista tenha ainda potencialidade para exercer influências e promover alterações sociais, à medida que consiga superar ou, pelo menos contornar seus obstáculos. E é sobre estes que vou restringir-me com a identificação dos mais conhecidos e importantes, que se contêm nas chamadas instâncias de legitimação: sejam elas as das crenças religiosas, as da legislação, as dos conformismos da tradição, sejam mesmo as que procedem dos conhecimentos científicos, que se escudam na respeitabilidade dessa ordem de saber.

Embora resistentes, tais instâncias podem sofrer abalos e até passar por transformações em conseqüência de causas diversas, sendo as mais conhecidas: guerras, desequilíbrios demográficos resultantes de epidemias ou grandes movimentos migratórios, aceleradas incorporações de novidades científicas e/ou tecnológicas.

Alguns exemplos servirão para ilustrar este recorte expositivo que se justifica pela dificuldade de se obter uma síntese consistente sobre assunto tão complexo e dinâmico.

A defesa do território e a proteção de seus habitantes em sociedades expostas a longos períodos marcados por guerras e invasões levaram à militarização das mulheres. Esse fenômeno irreversível é observável não só em países ocidentais, cuja organização social é secularizada, mas também no Oriente, onde prescrições religiosas restringem a atuação das mulheres aos limites estritos do lar e as sujeitam à inquestionável dominação masculina. Um outro exemplo, tão ilustrativo quanto o anterior, resultou da adoção cada vez mais generalizada da escrita e do cálculo nas mais diversas situações sociais, tanto em ambientes urbanos quanto, por extensão, também fora deles. À medida que tais conhecimentos foram se tornando imperativos, ficou indispensável que também as mulheres se escolarizassem. Essa nova situação, no entanto, elas só conseguiram ao ser superada a tradicional aceitação, tida por indiscutível, da inferioridade feminina para a alfabetização e a solução de problemas complexos. Sabe-se que por muito tempo, iniciativas, deliberações e responsabilidade foram atributos sociais de homens. E, no Brasil, até início do século passado, ainda havia quem acreditasse que, uma vez alfabetizadas, as mulheres teriam condição para secreta correspondência com namorados e amantes, escapando, assim, ao controle de suas famílias!

No primeiro dos exemplos, foi a necessidade de garantias coletivas que tirou a mulher dos limites domésticos, abrindo-lhe acesso a conhecimentos e práticas até então limitadas aos homens – o manejo de armas de guerra, o aprendizado de táticas e estratégias bélicas, o enrijecimento físico para lutar e o condicionamento psicológico necessário para enfrentar e abater inimigos. Com o segundo, fica patente que foram os conhecimentos da leitura e da escrita tornados indispensáveis à vida social os responsáveis pela alfabetização das mulheres. Como conseqüência elas atingiram o alargamento de seus horizontes intelectuais, conseguiram vencer antigos obstáculos à ocupação de cargos e ao desempenho de funções que até então lhes eram inacessíveis. Além disso, como escritoras, elas puderam expressar seus pensamentos e sentimentos, difundindo um modo feminino de ver, entender e interpretar os fatos.

As conquistas femininas até aqui arroladas não ficaram limitadas a algumas mulheres apenas, mas se abre agora a quantas delas preencham os requisitos estabelecidos para tanto.

Cabe aqui esclarecer que não há restrições à inteligência, à deliberação e à ousadia de mulheres excepcionais, desde que não realizem feitos apenas pessoais, com pouca ou nenhuma conseqüência coletiva, por força da ação neutralizadora de alguma das instâncias de legitimação referidas ou da combinação delas.

No quinto século antes de Cristo, a cidade grega de Atenas viveu um período de grandes realizações e Péricles, seu governante, é reconhecido e proclamado como o elogiável empreendedor desses feitos. Ele teria tido em Aspásia, sua mulher, sua grande incentivadora. Ela transformou sua residência em espaço de encontros de várias celebridades, mas apesar de seu desempenho, foi ridicularizada pela maledicência de seus contemporâneos com a desvalorização de tudo quanto possa ter feito.

Do exemplo de Aspásia parece não ter resultado garantia de atuação influente para esposa de chefe de governo. Pelo menos até talvez a atuação de Evita Perón, já no século passado. Mas não se sabe se a primeira dama da Argentina tomou a mulher de Péricles como seu modelo. E talvez se possa dizer o mesmo para uma esposa influente de governante árabe, de nossos dias.

O jornal "O Estado de S. Paulo" registrou à página A 13, de sua edição do dia primeiro do mês de março de 2005, um dado importante para as considerações que vêm sendo expostas aqui. Um certo grau de tolerância a críticos das condições do país parece estar ocorrendo na Síria. E o comentarista levanta a hipótese de o atual governante, Bashar Assad, estar sendo influenciado por sua esposa, de nome Asma, que o jornal considera uma mulher "glamourosa", nascida em Londres. Como a informação é recente, qualquer conclusão fica na dependência de ser confirmada a influência dessa senhora no grau de tolerância do governo sírio a seus críticos e os limites que possa alcançar a influência de sua atuação nas esposas de outros governantes árabes.

A localidade inglesa de Contry foi palco, no século XI, da ousadia de Lady Godiva, mulher do governante local. Ela protagonizou um feito que pode ser considerado excepcional, até mesmo para os padrões de nossos dias. Por ser dedicada à defesa da população, ela reivindicou ao marido a revogação do aumento de impostos que ele havia estabelecido. Para atendê-la, o governante propôs-lhe o seguinte desafio: que ela atravessasse nua a praça do mercado, em horário em que esta estivesse movimentada. O desafio foi aceito e os impostos baixaram. Mas embora fosse nobre o objetivo de sua reivindicação – o bem-estar da população –, apesar da coragem que teve, ao desnudar-se em público, numa inimaginável afronta à moralidade da época, esse episódio tem sido tratado com certo descrédito por estudiosos que o consideram apenas mais uma lenda da velha Inglaterra.

Agora é o momento oportuno para um esclarecimento. Como a linha expositiva adotada não faz julgamentos sobre a qualidade de cada fato assinalado mas se limita a considerar seu grau de repercussão em alterações da situação social das mulheres, é necessário ressaltar, para evitar mal-entendido, que não se insinua a adoção da nudez pública de esposas de governantes com finalidade reivindicatória. De qualquer forma, no entanto, não pode passar sem registro o fato de ter havido, no século passado, uma manifestação coletiva de protesto feminino, com a queima de sutiãs em público. Mas o objetivo era muito diferente e apesar do impacto do evento, ele serviu apenas para tornar opcional o uso dessa peça íntima feminina!

A figura de Joana d'Arc situa-se entre o momento histórico mais recuado, aquele de Lady Godiva, e o mais recente, o século XX, de Evita Perón, e o XXI, da esposa do governante da Síria.

No século XV, a Inglaterra ocupava parte do território francês. Convicta de ter recebido ordens celestes para salvar a França, a jovem camponesa de Orleans, trajou-se de militar e comandou homens armados em batalhas de sucesso. Apesar de sua atuação, reconhecidamente heróica e significativa para a história da França, ela terminou abandonada por aqueles a quem defendera e foi entregue a seus inimigos ingleses. Julgada como bruxa, foi condenada à morte na fogueira.

A França passou a considerá-la símbolo e inspiração patriótica, mas não tem faltado quem lhe reduza o valor. Por ter declarado, durante o julgamento, que tinha visões de anjos e santos com os quais dialogava, seus detratores consideram-na portadora de perturbação mental.

Ressalva importante: não foi por causa de Joana d'Arc que se deu a militarização feminina na França!

Uma discussão de cientistas ocorrida recentemente servirá para finalizar esta exposição.

Notícia veiculada pelo jornal "O Estado de S. Paulo", em sua edição de 19 de janeiro último, relatou que uma semana antes ocorrera uma conferência acadêmica, proposta com um título instigante: "Diversificando a Ciência e a Engenharia de trabalho: Mulheres, Minorias Subvalorizadas e suas carreiras em Ciências e Engenharia". Dentre os "cerca de 50 acadêmicos", de muitos países que dela participaram, muitos deles economistas, estava o reitor da Universidade de Harvard, Dr. Lawrence H. Summers, também designado como Larry Summers. Ele sugeriu em sua fala que "diferenças inatas entre os gêneros" podem explicar porque são menos numerosas as mulheres "bem sucedidas na ciência e nas carreiras matemáticas".

A autoridade científica do Dr. Summers e o destacado cargo universitário que ele ocupa numa instituição muito conceituada de ensino e pesquisa de ponta deram grande ênfase à sua fala. Seriam mesmo as mulheres congenitamente deficientes para o saber matemático?

No dia 20 do mesmo mês, num quarto da página A 14, a "Folha de São Paulo" registrou resposta à fala do Dr. Summers formulada pela Dra. Leda Cosmides, especialista em psicologia evolutiva e professora da Universidade Califórnia, em Santa Bárbara, também nos Estados Unidos. Ela reconhece diferença de interesses entre os gêneros e o preconceito que envolve essas questões. A diferença de interesses ela atribui a problemas enfrentados por nossos ancestrais – problemas não especificados pela reportagem. Quanto ao preconceito, ela ressalta que, embora seja muito sutil, tem raízes muito fortes no cérebro humano.

Outra reação à fala do Dr. Summers veio da Dra. Suzana Herculano-Houzel, estampada, quatro dias depois, ainda no mesmo jornal, à página 10. Com sua autoridade de psicóloga evolutiva e Professora da Escola de Economia de Londres, ela reconhece serem inegáveis e significativas as diferenças existentes entre homens e mulheres, mas como resultantes naturais do processo evolutivo. A Dra. Herculano-Houzel chama a atenção para a necessidade de reparo de um dado que ocorre com resultados de testes de desempenhos verbais e espaciais. Nas médias estatísticas eles acusam diferenças em respostas de pesquisados masculinos e femininos. Sua advertência é para o fato de tais resultados não excluírem outros em que, em termos individuais, são iguais os pontos alcançados por representantes masculinos e femininos. Outra interessante ressalva sua é quanto à necessidade de se estabelecer diferença entre **predisposição** (peculiaridade individual), e **determinação genética** (característica coletiva, no caso, das mulheres). E a Dra. Herculano-Houzel não deixa de também alertar para o papel das **determinações culturais** como um sério responsável pelo afastamento de mulheres de carreira nas ciências exatas. (todos os grifos são nossos)

De quanto ficou registrado, essa discussão entre cientistas respeitáveis ilustra bem a existência de entraves à manifestação mais plena do potencial do movimento feminista e também ressalta uma tomada de consciência da necessidade de superá-los. O Reitor de Harvard e as duas psicólogas reconhecem que existe preconceito quanto à inteligência das mulheres, mesmo entre cientistas de grandes e respeitáveis centros universitários. Mas enquanto o Dr. Summers de algum modo aceita tal entrave como natural, as Dras. Leda Cosmides e Suzana Herculano-Houzel tratam de apontar outras causas e/ou condicionantes do problema. Para a Dra. Cosmides são os problemas enfrentados por nossos ancestrais (e, pois, condições históricas e não biológicas). Já para a Dra. Herculano-Houzel o condicionante teria sido a marcha da evolução, sem deixar de ressaltar as determinações culturais.

Uma interessante discussão, que foge inteiramente aos objetivos e ao formato desta exposição, seria uma avaliação a respeito da operacionalidade das ressalvas feitas pelas duas representantes femininas do diálogo, em favor da superação do preconceito que ambas reconhecem a respeito. Mais adequado ao que se pretendeu aqui, no entanto, é reiterar que mesmo nos meios científicos mais destacados existe e atua preconceito referente à natureza da inteligência feminina e à qualidade de seu desempenho em determinadas áreas do saber.

2. Depoimentos: profissões masculinas × profissões femininas – o mundo mudou?

Mulheres no Ministério Público

Rita de Cássia Bérgamo[6]

Bom dia a todos, é um prazer estar aqui e eu gostaria de agradecer profundamente o convite.

Como temos pouco tempo, estarei resumindo o que gostaria de dizer hoje com relação ao ingresso da Mulher na carreira do Ministério Público.

---

[6] Promotora de Justiça – Marília – SP.

Não dá para negar que discriminação existiu para o ingresso da Mulher no Ministério Público entre as décadas de 1940 e 1980. Data de 1946 o ingresso da primeira mulher no Ministério Público, mas aconteceu uma lenta progressão para ocupação dessas mulheres nos concursos que se seguiram a partir de 1946. Entre a primeira e a segunda integrantes da carreira, ocorreu um intervalo de oito anos. Para o ingresso da terceira ocorreram mais quatro anos e a quarta somente foi aprovada em 1964. Então em vinte e três anos, somente oito mulheres ingressaram no Ministério Público. Até dezembro de 1969, o Ministério Público contratou oito mulheres. Em 1981 o Ministério Público contava com trinta e uma mulheres. Foi nesta data que a magistratura admitiu a primeira juíza[7]. É importante dizer que havia sim uma discriminação em relação ao sexo, para o ingresso na carreira, mas essa discriminação nunca aconteceu no exercício da função. Quando a mulher ingressa não existe nenhuma discriminação, são tratadas de maneira igual. Com relação às dificuldades que são apontadas para o exercício da função pela mulher, são necessários alguns esclarecimentos. Nós sabemos que o Ministério Público é constitucionalmente definido como uma Instituição permanente, a função jurisdicional do Estado, incumbindo-lhe a Defesa de Ordem Jurídica do Regime Democrá-

---

[7] Essas informações foram extraídas da obra *Mulheres no Ministério Público*, de Carlos Francisco Bandeiro Lins, Edições MP, 2000.

tico, dos interesses sociais e individuais indisponíveis. Tem o Ministério Público uma função muito mais ampla do que a função desse órgão em outros países. Além da titularidade da ação penal, tem atribuições importantes na esfera civil, que abarca desde a responsabilização de Agentes Públicos, defesa do meio ambiente, defesa do consumidor, defesa dos Direitos e garantias constitucionais do cidadão. Essa gama de atribuições exige do promotor uma dedicação, atualização e estudos intensos. De outro lado, tem-se que o Ministério Público é organizado, estruturado em duas Instâncias: a primeira Instância é constituída de Promotores de Justiça e a segunda Instância de Procuradores de Justiça que atuam perante os tribunais. Nomeados após concurso os Promotores iniciam a carreira como Promotores de Justiça Substitutos. Depois passam a primeira, segunda e terceira instâncias, instância especial, até chegarem a Procurador de Justiça e essa promoção é feita alternando critérios: de antigüidade e merecimento. Então o que acontece para a progressão funcional? É necessário que se passe por inúmeras cidades do Estado de São Paulo, cada cidade classificada em virtude do número de processos ou número populacional, além de outros fatores. Quando o Promotor ingressa na carreira como substituto está sujeito à designação mensal, isso equivale dizer que cada mês está em um lugar do Estado. Logo depois vem a promoção para a primeira instância e ele escolhe a cidade onde pretende trabalhar. Com a promoção ocorre a transferência para cidades de maior porte. Portanto, a necessidade de estar sempre atualizada, estudando, somado à própria Estrutura Organizacional do Ministério Público, são fatores que dificultam e muito que a mulher obtenha realização pessoal, com a constituição de família e geração de filhos; trata-se de uma questão óbvia, porque se a mulher tem que estar cada dia em um lugar diferente para se promover, tem que estar constantemente estudando, tem uma série de atribuições, tem que estar sempre atualizada, se dedicando, fazendo cursos e somado a isto possui um número elevado de Processos e inquéritos civis, então é óbvio que para desempenhar bem todas essas responsabilidades, tem que abdicar do plano pessoal. É por isso que feita uma pesquisa na Instituição constatou-se que o número de mulheres que têm filhos é infinitamente menor que o número de homens. Portanto, para que se obtenha realização profissional existe sim uma abstinência à constituição de família, à geração de filhos ou uma redução do número deles. As primeiras mulheres que ingressaram, não tiveram filhos ou tiveram mais tarde do que as mulheres da mesma geração. Mas vale a pena dizer também que este quadro está se modificando ao longo do tempo. Essas diferenças que antes eram até quatro vezes maiores, hoje equivalem ao dobro mais ou menos. Atualmente, em virtude das muitas Promotoras que nos antecederam, ficou mais fácil o ingresso, a discriminação é menor e houve uma modificação da sociedade, com os homens participando mais na administração da casa.

No Poder Judiciário também, embora seja mais lenta essa modificação, se verifica que nós já temos mulheres no mais alto escalão, por exemplo: no STE temos um Ministra e dez Ministros, no STJ temos quatro Ministras e vinte e oito Ministros. Já na Justiça do Trabalho, 47.25% dos integrantes da carreira são mulheres. Todavia, no Tribunal Militar não tem nenhuma.

Finalizando, é preciso que se busque a total eliminação de discriminação para o ingresso da mulher na carreira, mas é preciso também que se adotem posturas capazes de tornar mais fácil a conciliação entre o exercício profissional e a realização pessoal em especial quanto à constituição de família, o que parece atender não só aos legítimos anseios das integrantes da carreira como ao interesse público que será melhor atendido se estes conseguirem o maior grau possível de realização.

Natureza das profissões

Renata Cesar Vilardi Tenente[8]

Atualmente, a maioria das profissões existentes são denominadas "unissex", entretanto, há, ainda, atividades consideradas masculinas ou femininas, quer por suas próprias características, quer pelos costumes e tradições da sociedade em que vivemos.

É notória e comprovada a superior força física dos homens em relação às mulheres. Assim, existem profissões que demandam muito mais a mão-de-obra masculina. Ao contrário, não há profissão que exija o trabalho exclusivo da mulher, embora ela domine amplamente, alguns setores do mercado.

A sociedade se encarrega, através de suas tradições e seus costumes, de classificar algumas profissões de masculinas ou femininas, criando mitos em torno delas. Afinal, quem não estranha uma mulher na profissão de mecânica? Ou um homem exercendo a profissão de um costureiro? Esta divisão feita pela sociedade é ainda muito evidente na ocasião do vestibular, onde concorre, para o curso de Engenharia, Medicina ou outras carreiras, uma maioria esmagadora de candidatos homens, enquanto que na carreira de Psicologia, Nutrição ou outras, são as mulheres que dominam a lista de candidatos.

---

[8] Doutora, Embrapa Recursos Genéticos e Biotecnologia. Estação Parque Biológico – Brasília – DF.

Portanto, na década de 1960, quando escolhi a profissão de engenheira agrônoma, a maioria dos vestibulandos era do sexo masculino, mas como uma decisão definitiva de minha parte, fiz a minha inscrição para esta carreira. Já na ocasião desta escolha, começaram-se os problemas junto aos meus pais, que muito relutaram para que optasse por uma profissão mais feminina. Primeiramente, discutiu-se sobre a perspectiva de constituição de família e investimento profissional em minha pessoa, num curso de tradição feminina, como o de uma Professora. Em seguida, a partir do avanço desta discussão e argumentos com meus pais, refletimos todos sobre as relações de gênero, foi então que se decidiu pelo curso de Agronomia, uma profissão de tradição masculina. No primeiro instante, recebi o apoio de uma mulher, minha mãe, e o apoio do pai, sexo masculino, só veio algum tempo mais tarde.

Essa escolha de profissão foi e é uma confluência de temas que hoje são discutidos e apresentados durante os cursos de mestrado e doutorado nas universidades, temas estes "profissões masculinas e femininas".

Seguindo a minha estória profissional, então passei no vestibular e estudei na Universidade de Brasília (UnB), na Capital Federal, em meio a 200 colegas homens, que compunham as quatro engenharias (Agronômica, Civil, Elétrica e Mecânica), sendo eu a única representante do sexo feminino. Fui então a primeira mulher a se formar na engenharia agronômica desta Universidade, UnB. Portanto, coloco aqui meu pensamento que acompanha há muitos anos o meu modo de ser e a minha atuação profissional: "Quando você se propõe a fazer o que gosta e produzir o melhor, não importa que os seus colegas sejam todos homens".

Grandes profissionais são aqueles que buscam a sua felicidade, desprovendo-se de qualquer tipo de preconceito, pois a divisão das profissões em masculinas e femininas não apenas decorrem de condições físicas, mas por uma forte carga de tradições e costumes, mantidos pela sociedade, que vêm sendo superados a cada dia, diminuindo gradativamente, até que sejam anuladas, igualando, desse modo, homens e mulheres.

Com o passar dos anos, foi se perdendo a idéia de certas profissões estarem diretamente ligadas ao sexo de quem as exerce. Nesse espaço se dá a segmentação por sexo, e vão-se delinear as profissões femininas e masculinas. Mas ainda hoje, a tendência é concentrar-se em determinadas áreas específicas como por exemplo, as mulheres nas humanitárias e os homens nas tecnológicas.

Algumas carreiras que se apresentam, teoricamente, como destinadas à mulher: enfermagem, nutrição, serviço social, psicologia e letras, levam o selo do desprestígio, ao contrário daquelas que tendem a concentrar mais homens, como o caso de minha carreira agronômica e de cientista.

Com o passar dos anos, após meu ingresso na Universidade, não encontrei nenhuma dificuldade em cursar todas as matérias oferecidas pelo Curso de Agronomia. Em 1972, após minha formatura, sem emprego, direcionei minha vida à procura de cursos de curta duração, sendo o primeiro Curso de Manuseio e Aplicabilidade de Tratores e Implementos Agrícolas na Massey Ferguson, na cidade de Agudos, SP. A seguir, o Curso de Coordenadores de Aviação Agrícola em Sorocaba, SP, ministrado anteriormente, somente aos homens. Coincidentemente, fui, portanto, a única mulher do curso de tratores e implementos agrícolas, e a primeira mulher, no Brasil, a participar desse curso de aviação agrícola.

Coincidentemente, porque participei do Curso de aviação em substituição ao meu estimado colega, que então na época era chefe de Departamento onde eu estagiava, alguém que sempre apoiou e estimulou as mulheres em suas carreiras e suas aspirações. Com perseverança terminei o curso de aviação e fui com todo entusiasmo de uma jovem, em busca de um emprego na aviação agrícola, que na época era uma grande e boa oportunidade, com excelentes salários. Entretanto, nas diversas empresas que procurei uma colocação juntamente com outros colegas de curso, não fui aceita pelo único motivo de ser mulher e as vagas eram somente para homens e segundo eles, o principal problema é que não havia alojamento feminino ou qualquer outro esquema para atender separadamente a mulher. Portanto, não pude investir nesta carreira, mas não desanimei e fui buscar outras oportunidades da época.

Passei em primeiro lugar, em um concurso para trabalhar em uma Fundação de Pesquisa, havia somente uma vaga e levei exatamente nove meses (como se fosse praticamente uma gestação) para assumir o cargo, ou seja, efetivar a contratação, pois o segundo colocado era do sexo masculino e os dirigentes desta Fundação esperavam a minha desistência para chamar e contratar o segundo colocado.

Contando com o apoio deste pesquisador, o qual substituí no curso de aviação, ingressei neste trabalho, abracei com força e perseverança e fiquei por lá por quase dois anos, produzindo muito, colaborando com as pesquisas científicas em doenças das plantas e das hortaliças do cinturão verde agrícola do DF, originando deste trabalho, publicações sobre os resultados obtidos, apresentando-os em congressos científicos e publicados em revistas científicas.

Com a resolução do governo na criação da Embrapa, os órgãos menores de pesquisa, como o da Fundação na qual eu estava trabalhando, passariam a pertencer a esta Empresa de Pesquisa Agropecuária, mas, ao mesmo tempo, não era possível abranger todo o quadro de pessoal desta Fundação. Então, foi feita a seleção para compor o grupo de pesquisa desta Unidade da Embrapa, em Brasília. Portanto, de 45 pesquisadores, somente duas eram representantes femininas e estávamos entre os quinze selecionados para entrar na Empresa e isto foi devido à qualidade e quantidade de trabalhos publicados de pesquisa e devido aos avanços da pesquisa proporcionados por nós duas, junto à área agrícola desta região.

Esta Empresa tem hoje 39 Centros de Pesquisa e naquela ocasião, fomos para o Centro que trabalha com hortaliças. Trabalhamos durante três anos, contra todos os tipos de preconceitos, e mesmo com todas as dificuldades impostas ao sexo feminino, conseguimos produzir cientificamente. Saímos para fazer o curso de mestrado na área de doença de plantas, ela especializou-se em doenças causadas por fungos e eu na área de parasitas, os denominados nematóides.

Por ocasião da nossa volta do mestrado, não fomos aceitas no Centro em que trabalhávamos anteriormente, pois na época ocupava o cargo de chefe, um pesquisador extremamente preconceituoso que disse claramente que não queria mulheres em seu Centro de pesquisa, senão as que ocupassem o cargo de secretária.

Como sempre, não desisti e procurei os dirigentes superiores aos do Centro de Pesquisa e fui então colocada neste Centro no qual até hoje estou e onde tenho dado excelentes contribuições para a nossa agricultura brasileira, o Centro da Embrapa Recursos Genéticos e Biotecnologia.

Mas, neste Centro de Pesquisa, no início desta caminhada, também tive que ser perseverante, pois não existia o laboratório de Nematologia, que trabalha com pesquisa relacionada com os nematóides parasitas de plantas, a minha especialidade. O chefe deste Centro, também era contra os trabalhos femininos e não deu nenhum apoio para a montagem e desenvolvimento desse laboratório, até que encontrei apoio de um chefe administrativo, que não se envolvia em questões do trabalho a ser desenvolvido por quaisquer dos sexos.

Com seu apoio, desenvolvi um laboratório de análises de parasitas de plantas, hoje referência nacional, do Mercosul e mundial, mostrando o reconhecimento da luta e o progresso da mulher em frente a uma profissão denominada masculina, que foi decididamente escolhida para ser sua profissão.

Após a minha aceitação neste Centro da Embrapa, o último mencionado, um ano mais tarde, o chefe geral deste Centro de Pesquisa, reconheceu meu trabalho e esforço perante a todos os membros pertencentes a este Centro, durante o evento natalino e a partir daí abraçou a minha luta, no engrandecimento da pesquisa na área nematológica no Brasil.

Tem que se ter muita perseverança, e eu a tive, pois todos os chefes que tive durante esta minha carreira, não abriram as portas, para que eu pudesse mostrar a eles meu desempenho. Então, de uma maneira indireta, eles acabaram me ajudando, pois com as super-exigências da parte deles sobre minha pessoa, fizeram o meu progresso profissional maior que de muitos pesquisadores do sexo oposto, pois os chefes toleravam uma porção de coisas oriundas dos colegas do sexo masculino e não toleravam de minha parte por ser do sexo feminino.

Portanto, tive que ser duas vezes melhor ou três, tive que trabalhar três ou quatro vezes mais, tive ainda que ter um pouquinho mais de testosterona, porque senão não conseguiria progredir profissionalmente.

Dando continuidade a esta história, em 1986 fui fazer meu doutorado no Imperial College, Universidade de Londres, e em 1995 meu pós-doutorado, ambos na Inglaterra, tornando-me ainda mais especializada e com muita força para mostrar a grande contribuição que o sexo feminino, denominado fraco, poderia dar ao Brasil e porque não ao mundo, nas mais diversas áreas profissionais.

A seguir, muitos sucessos vieram, colocando-me, mais uma vez, como mulher pioneira de muitas posições, como a que assumi aqui em Marília, em 2003, a primeira mulher na presidência de uma Sociedade Científica na área de Nematologia, SBN, sendo reeleita para mais um mandato de três anos, devido ao bom desempenho e progresso, dos últimos três anos de gestão desta Sociedade.

Embora ainda hajam alguns resquícios de preconceito, a maioria das pessoas abandonou este mito e escolhem suas atividades de acordo com seus interesses, suas aptidões e perspectivas de mercado, tendo a tendência para este mito dissolver-se ainda mais, com a crescente evolução do ser humano.

Seguem aqui algumas curiosidades feministas:

Vantagens de ser mulher!!

* Em menos de um século uma única revolução feminina acabou com milênios de tirania masculina.
* Se resolvemos exercer profissões predominantemente masculinas, somos "pioneiras".

* Se os homens resolvem exercer profissões tipicamente femininas, sofrem preconceitos.
* Nosso cérebro dá conta do mesmo serviço que o sexo oposto, mesmo com 6 bilhões de neurônios a menos!
* Nós educamos as futuras gerações.
* Temos direitos iguais.
* Temos um dia internacional da mulher.

E com isso provamos que além de nós mulheres sermos privilegiadas pela natureza, também o somos no aspecto ético e intelectual, uma vez que não precisamos depreciar a imagem masculina para provar nossa superioridade.

Professor alfabetizador: um desafio que se transformou em grande realidade

Fernando César Martins Faustino[9]

Estar presente num evento que trata da participação da mulher na sociedade, suas lutas, conquistas e perspectivas significa compartilhar com o novo olhar, com uma nova postura, quanto à inserção e valorização da mulher na atualidade.

E aqui venho contar uma experiência que há muito é considerada uma profissão exclusivamente feminina. Não. A posição da mulher hoje no mundo do trabalho está mudando e a apropriação de atividades e funções cada vez mais deixa de ser definida pelo sexo e sim pela competência.

As mulheres têm deixado o trabalho doméstico para assumir a liderança da casa e de sua família por razões econômicas e sociais, tornando-se inclusive um papel cultural.

Na comunidade em que atuo, essa realidade é bastante presente e isso contribui para a aceitação de professor em sala de aula.

A Secretaria Municipal de Educação de Marília é composta por 435 professores atuando nas 18 Escolas Municipais de Ensino Fundamental (EMEFs). Desse universo, apenas 18 são homens, o que equivale a 4%

---

[9] EMEF "Paulo Freire – Marília.

do total. Na EMEF "Professor Paulo Reglus Neves Freire" onde trabalho, somos 5 professores.

Contando um pouco da minha trajetória como professor alfabetizador, relatarei alguns episódios de meu trabalho.

Quando ingressei na rede municipal de educação, um episódio causou-me estranheza. E hoje avalio-o de outra forma. Eu era o único professor do período disponível para substituir licenças e faltas. Uma professora sairia em licença maternidade, logo, seria eu seu substituto imediato. Tive como atribuição nos primeiros dias de aula acompanhar a professora gestante.

Porém, quando a professora saiu em licença, para minha surpresa e frustração não fui escolhido para substituí-la. A diretora preferiu transferir uma outra professora de período, alegando que ela tinha mais experiência, mesmo eu já contando com mais de dez anos de atividade docente com quinta e oitavas séries e Ensino Médio.

Diante do ocorrido senti que, o que me faltava era confiança da diretora em meu trabalho por ser um homem. Coube a mim trabalhar com pequenos grupos de reforço.

Ao ser removido para a EMEF "Professor Paulo Reglus Neves Freire" a única série que podia atuar era a primeira série, ou seja, tinha que atuar como professor alfabetizador.

No início assustei-me, perdi o sono em pensar: "Como agir com crianças tão pequenas?" "Como seria o primeiro dia de aula?" "O que faria com as crianças que chorassem?" "E os pais, como me receberiam?"

Enfim, o primeiro dia de aula chegou. Tudo transcorreu e continua a transcorrer bem. Minhas angústias diminuíram por ter sido uma recepção tranqüila.

E isso tudo foi sempre um grande desafio. Primeiro porque a presença de um homem com primeira série gera entre os pais um clima de desconfiança e desconforto. Paira pela cabeça dos pais uma grande dúvida: "O que esse moço irá fazer com minha princezinha?"

Percebo que a expectativa dos pais é de encontrar uma professora idealizada: meiga e delicada. Esse é o perfil da professora ideal. Ao deparar com um homem, essa expectativa desmorona, imaginam que o professor não será paciente, não será carinhoso, agirá brutamente, como acreditam ser próprio dos homens.

Diante disso meu trabalho foi desenvolvido com intuito de romper com esse mito. É preciso conquistar a confiança dos pais. E isso se faz com o trabalho diário.

É imprescindível que a direção e coordenação pedagógica confiem nesse trabalho e demonstrem aos pais e à comunidade essa confiança no professor. Até o momento sempre tive esse respaldo.

A primeira reunião com os pais é a garantia de sucesso do ano todo. É nela que é explicitado como é desenvolvido o trabalho e esclarecido todas as dúvidas. É aqui o início do vínculo de confiança.

A relação com os alunos é mais tranqüila. Nunca enfrentei dificuldades. Os alunos são sempre muito receptivos. Não há rejeição, nunca tive alunos que quisessem trocar-me por uma professora.

Também não tenho dificuldades em me relacionar com minhas colegas professoras e nem elas comigo. Somos efetivamente parceiros, compartilhamos angústias e sucessos, confeccionamos materiais e planejamos atividades. Hoje sinto que não é possível trabalhar sozinho, preciso trabalhar em grupo para atingir meu objetivo que é alfabetizar todos.

Mas o mais importante de tudo isso é que a confiança e a cumplicidade que recebi pelo meu trabalho só provou minha competência enquanto professor alfabetizador, mesmo que ainda tenha muito a aprender.

E, por fim, essa oportunidade só me fez descobrir o quanto nós homens somos capazes de executar uma atividade que tradicionalmente só as mulheres faziam. Descoberta que as mulheres também fizeram em outras profissões.

É o mundo mudando e todos nós descobrindo outras possibilidades, encontrando novas soluções e lançando grandes perspectivas para o futuro.

Mulher jornalista na área esportiva

Sonia Francine Gaspar Marmo[10]

Muito obrigada pelo convite, é muito bom estar aqui com vocês e eu vou contar alguns casos aqui significativos de minha vida. Vou começar com uma história que não é muito edificante assim, mas é divertida. Tenho uma filha que agora tem dezoito anos e eu tenho uma de vinte e um anos também. A minha vida parece meio folclórica às vezes, assim, muitas coisas são invertidas em relação ao que normalmente acontece e isso ficou evidente nesse caso com a minha filha, quando ela tinha quatorze anos, e é muito edificante a história. Ela vivia sendo abordada na porta do Colégio por alguém que fazia pesquisa de mercado e ela não tinha muito saco para responder aquilo e inventava as respostas, inventava nomes, inventava idade, profissão do pai, profissão da mãe, mentia, safada, não devia, mas era o que ela fazia, aí um dia caiu uma pequena crise assim... uma pequena crise de consciência e ela falava assim: "Sacanagem não é? A pesquisadora só está fazendo o trabalho dela, é um saco mas eu vou responder direito", aí tinha nome, idade, quantos irmãos, profissão do pai, profissão da mãe, aí ela falou: "Comentarista de Futebol", e a pesquisadora falou: "Se não quer responder, não responde mas não precisa inventar", e eu só descobri que ela costumava mentir nas pesquisas

---

[10] Comentarista de esportes da ESPN, vereadora 2004/2008 em São Paulo.

nesse dia no qual ela falou a verdade porque ela veio me contar e falou: "Puxa, bem quando eu quis colaborar".

Então foram várias situações na vida da gente, talvez mais evidentemente as mulheres, mas não só as mulheres passam por situações de preconceitos e algumas muito dolorosas, difíceis mesmo. Até um certo ponto eu me divirto também com elas, na minha adaptação lá na TV, tenho o lema do tipo: "nunca perder o senso de humor". Então é uma coisa assim... eu adoro, por exemplo, chegar em qualquer lugar com o meu capacete é... sem dar aquela característica assim de apresentar logo o meu documento de vereadora e ver se as pessoas me recebem. O Heródoto Barbeiro que é jornalista, editor da CBN, Jornal da Cultura coisa e tal, também tem uma Kombi muito esculhambada e ele disse que adora ir aos lugares bacanas com a Kombi dele, pára na porta do restaurante assim, o cara encaminha quase sempre para a cozinha: "a entrega é lá atrás". Então, adoro também chegar de capacete nos lugares... Outro dia tinha uma reunião no Consulado da África do Sul, com o Cônsul e tudo chiquérrimo, e eu cheguei lá com o meu capacete, aí eu cheguei lá e disse: "Vou ao Consulado", aí a mulher disse: "É só entregar?", aí eu disse: "Não, eu tenho uma reunião com o Cônsul".

Então, é bom a gente testar os limites, até porque nossos preconceitos ficam muito evidentes também, pensa como a gente avalia as pessoas à primeira vista, até aí tudo bem, o problema é quando você elabora todo um perfil, imaginado por você e se apega a ele julgando tudo a partir daquilo. Mas eu estava dizendo que a minha vida às vezes parece muito folclórica. Eu trabalho com futebol, ando de vespa, eu uma vez cheguei assim ao aeroporto de capacete para um evento como esse aqui e o motorista que foi me buscar ficou andando no aeroporto e eu andando, esperando alguém vir me buscar e por sorte eu o ouvi ligando para alguém no celular dizendo: "Acho que a Soninha não vem." "Olha, eu estou aqui!" "Ah, você veio de capacete, não achei que você tivesse chegado de avião".

Mas eu ando de vespa pra baixo e para cima, eu trabalho na Câmara Municipal, são seis vereadoras e cinqüenta e cinco no total, as seis mulheres são exceção, uma coisa bem fora do comum, não deveria ser. Eu tenho um secretário há muitos anos, um cara que é a minha sombra, ele sabe a senha da minha conta corrente, ele leva a vespa no mecânico para mim, é ele que organiza a minha agenda e as pessoas nunca se referem a ele como meu secretário, elas falam assim: "Eu falei com o seu assistente", engraçado isso, parece que é... secretário não assistente, queria ver se fosse mulher: "Falei com sua assessora", não é assessora é secretária, é diferente, então é engraçado. E, além do meu marido, que é o dono de casa, para completar o quadro bizarro, eu trabalho fora e ele é dono de casa, exatamente isso, então imagine quantas situações bizarras a gente já passou também tipo: preenchendo ficha no hotel, aí chega lá profissão: ele já escreveu vaqueiro, parece a situação vivenciada por minha filha. Ele também diz: "O que é que eu vou dizer? Autônomo, desempregado, fotógrafo amador? Mas ele é dono de casa.

Tirando a Câmara, onde eu realmente me esforcei para chegar, eu quis, eu fiz uma campanha para chegar lá, as outras coisas aconteceram muito por força das circunstâncias, quer dizer apareceram as condições favoráveis e as coisas aconteceram. Eu não entrei na mídia esportiva conquistando espaços, não, eu tive uma chance, eu fui convidada para trabalhar num canal de esporte super respeitável e que eu tenho muito orgulho, que é o ESPN Brasil e eu aceitei o convite e depois é claro, eu estando lá eu tentei fazer jus ao canal que eu tanto admirava, trabalhar com a maior seriedade possível. Depois, me convidaram, eu não conquistei o Direito de escrever na Folha de São Paulo, eles me convidaram para assinar uma coluna no Caderno de Esporte da Folha. Então, eu não posso me gabar, eu abri espaço, eu abri espaço para a mulher na vida esportiva, abriram para mim, abriram a porta e eu entrei, mas eu acho que é importante a gente saber lidar com as circunstâncias, às vezes a porta abre e a gente recua, fica com medo, finge que não viu, sei lá.

As coisas aparecem e eu faço, cada coisa que aparece você tem uma decisão a tomar e aí uma coisa que eu acho legal, até na história da mídia esportiva, é que o José Trajano, que é o Diretor da Programação na ESPN Brasil, Jornalista, Comentarista Esportivo, ele tem experiência de décadas na vida esportiva, ele não me convidou porque eu sou mulher, porque ele não quis fazer isso para marcar posição, para ser diferente. Ele me convidou porque ele, da MTV, gostava do meu trabalho com a música brasileira que eu apresentava, entrevistava alguns figurões lá da MPB na MTV, que era uma coisa meio fora do comum, mediava um programa de debate, fazia Faculdade de Cinema e eu era maluca por futebol, então participei algumas vezes nas redondas da ESPN como convidada, especialmente como alguém que gosta de futebol. Ele me convidou para ficar lá como parte da equipe e ele precisava exatamente dessa combinação de coisas, o que interessava para ele, porque nós aqui da ESPN, não queremos ter uma visão bitolada do futebol. Aí o futebol, o jogo, o pênalti, futebol é muito mais que isso, futebol é política, futebol é sociologia, é literatura, é poesia, é cinema, é um monte de coisa, então ele achava legal convidar alguém para a equipe de comentaristas que fazia Faculdade de Cinema, para apresentar um programa de música brasileira, que era mediadora de debates e que falava de política, de cidadania, meio ambiente, sexualidade e coisa e tal. O fato de eu ser mulher, na verdade, era legal por um lado, mas também aborrece e ele diz isso assim por último mesmo: "Ah! É legal ter uma mulher para variar um pouco", mas não seria o motivo para ele deixar convidar, não foi o que o levou a me convidar entendeu? Vamos trazer uma mulher. Por ser uma coisa diferente, porque se fosse também eu não acharia legal. "Ah só porque eu sou mulher sou diferente?" Também não vejo grande vantagem nisso e as pessoas sempre perguntam se tem preconceitos, claro que tem, a primeira pergunta das entrevistas e a resposta: é claro que sim, a gente conhece preconceito de andar na rua, nem precisa entrar no ramo em que as mulheres são minoria, e até certo ponto esse preconceito é até compreensível. A gente estranha tudo que é fora do comum, eu sempre dou exemplo dele antes de conhecê-lo: se você vai numa escola entra lá na primeira série e a tia é tio, a professora é professor, todo mundo vai achar estranho, eu entendo, eu acho natural, eu também quando olho pro lado e vejo uma mulher dirigindo um ônibus eu falo: "Olha que legal", é raro, a gente também estranha, é normal.

O problema é quando você se apega a esse estranhamento, como quando o cara fica só esperando a hora que eu falar uma bobagem, para falar: "Tá vendo? A mulher não entende", então ele está se apegando ao preconceito. Se eu falei a bobagem, a responsabilidade é toda minha, o gênero feminino não tem nada a ver com isso, então tem esse básico na hora que você contrai a idéia do cara, ele fala: "Só podia ser mulher para falar uma bobagem dessa", se um outro cara fala uma bobagem: "Ah esse cara é besta". Agora se for uma mulher é porque as mulheres não entendem e existem outras formas de preconceitos, por exemplo, quando o cara concorda com o que eu digo e fala: "Ah, eu concordo, mas está na cara que alguém escreveu isso para ela", já ouvi isso também, tem o cara que para te elogiar revela o preconceito dele: "Ah, essa é a

Soninha, essa entende, só essa, o resto todo não" ou o que me chama para um programa e diz: E aí? O que sua visão feminina fala entre Botafogo e Fluminense".

É claro que podem ter diferenças culturais, naturalmente existem, os homens todos já nascem com uma chuteira pendurada na porta da maternidade, a camisa do time do pai e tal, com a mulher também acontece, mas é mais raro, então o homem tem uma relação de empatia com o que acontece num campo de futebol que é diferente da condição feminina. Então, na hora em que ele fica indignado com o resultado de um jogo, inconscientemente, a chance de ele pensar: "Se fosse eu ali isso não acontecia, se eu ganhasse o que esses caras ganham, trezentos dólares por dia, eu não perderia esse pênalti", é muito grande. Então eu acho que ele seria irracional num comentário, emotivo num comentário. Teoria minha, nenhum embasamento teórico, embora as mulheres sejam consideradas passionais, eu acho que em relação ao futebol, por um motivo cultural, pela maneira que os homens e mulheres se relacionam com o futebol desde que nascem, acho que a gente tem a chance maior de sermos mais sensatas. Na hora falta sensatez nos comentaristas homens, um palpite, é só impressão, então tá, pode até ter um ponto de vista feminino um pouco diferente, talvez a gente preze um pouco mais também talvez no que diz respeito ao ser humano, se pensarmos a que o jogador de futebol é exposto depois de um jogo, é cruel.

Uma vez um amigo meu, repórter homem, da ESPN, estava acabando com Fábio Simplício, que tinha feito um golaço e todos os comentaristas na segunda-feira falavam assim: "Ah, quando Simplício faz um gol desse. Olha! Puxa vida o Simplício heim? Nossa, esse mundo está perdido", ele falou assim, cara, você já imaginou o que é ser Fábio Simplício? Agora, imagine, ser filho do Fábio Simplício, um garotinho e o pai diz: Filho, você está vendo? A televisão está acabando com seu pai, descascando seu pai", essa sensibilidade foi do repórter, um baita de repórter aliás, mas talvez as mulheres tenham mais a possibilidade de ter essa sensibilidade, enfim, vou deixar essa outra meia-hora para uma próxima ocasião.

Mas, só para encerrar, o último caso, eu acho que essa Semana Internacional da Mulher, a mesma reflexão que eu acho que as mulheres têm que fazer e essa ocasião é propícia para isso, pode ser útil também para os homens, porque muito do que as mulheres já conquistaram e do que elas têm que conquistar ainda, nasce da pergunta: Quem disse? Quem foi que disse que isso não é coisa de mulher? Quem foi que disse que eu não posso fazer isso, que não é coisa de mulher? Que eu não tenho capacidade de fazer isso? Eu acho que para os homens, em inúmeras situações, essa pergunta também cabe. Aquelas fórmulas prontas que te entregam e dizem Jornalismo se faz assim, aqui na Empresa é assim que funciona, na Câmara Municipal é desse jeito, as mulheres até lidam tanto com isso, que se perguntam mais vezes: "Quem disse que eu não posso?" E eu acho que essa reflexão é útil para os homens também, quem disso que esse é o único jeito para fazer isso?

E o caso, para encerrar é rapidinho. No Gabinete que eu herdei na Câmara, por sorteio, tinha uma parede de alvenaria atravessada completamente sem sentido, criava um espaço tão inviável! Quem quer trabalhar atrás de uma parede? Não tinha janela, não tinha ventilação, não tinha nada, eu falei: "Vamos derrubar a parede", e chama com quem tem que falar e aí você fala, chama o Arquiteto, o Engenheiro, auxiliar, não sei quantos e os caras iam lá no Gabinete, olhavam assim e falavam: "Ah não, essa parede não vai sair daí, essa parede está aí há vinte anos e ninguém quis derrubar a parede, não, não dá". Aí eu disse: "Mas não é estrutural, no andar de cima ou no andar de baixo não tem nenhuma parede correspondente a essa", como esse era o terceiro andar e o Prédio é de treze andares. "Não". "Podemos chamar outra pessoa?". Aí chama uma, chama outra, até chamar um chefe lá, que pegou um cabo de vassoura e cutucou o forro que era solto, de isopor. A parede não chegava nem no forro, terminava ali, aí ele falou: "Não, pode derrubar". Beleza! Duas horas de marretada não tinha mais parede, tinha ventilação, luz natural, mudou tudo assim, ganhamos um espaço incrível. Aí o mesmo cara que tinha feito o primeiro comentário virou pra mim e disse assim: "Vinte anos que esta parede está aí e ninguém quis derrubar". Então, caras e caros, pensem que as paredes que estão aí há vinte anos, talvez, não tenham sido derrubadas porque ninguém quis derrubar.

Muito Obrigada.

Mulheres na Polícia Militar

Andréia Colombo[11]

A Polícia Feminina foi criada em 12 de maio de 1955 sob o Decreto nº 24.548, tendo como sua primeira Comandante a Drª. Ilda Macedo.

Sendo pioneira no Brasil e também na América Latina, foram atribuídas a elas as missões que melhor se ajustaram ao trabalho feminino, conforme as necessidades sociais da época.

No mesmo ano publicou-se o Decreto que relacionava os requisitos para o ingresso no Corpo de Policiamento Especial Feminino, então dentre 50 candidatas, 12 foram selecionadas para a escola e foram chamadas junto à comandante as 13 mais corajosas.

Nos primeiros anos agimos no campo de prevenção, e seguindo a filosofia da nossa fundadora, que não usaríamos armas; e, depois de quatro anos de nossa existência, obtivemos nossa certificação com a Lei nº 5.235 de 15 de janeiro de 1959.

Enfim, nestes 50 anos ampliamos nossas missões e passamos a atuar, além do Policiamento Rodoviário, no Ambiental, de bicicleta, motocicletas, no Rádio Patrulhamento, Policiamento Escolar e na Corregedoria, além de efetuarmos trabalho nos Corpos auxiliares; no quadro de Saúde: como Médicas,

---

[11] Policial Militar – Marília – SP.

Dentistas, Farmacêuticas, Veterinárias, de auxiliar de Saúde; no Corpo Musical e no Grupamento de Rádio Patrulha aérea.

Hoje somamos 9.000 policiais, com 50 anos de histórias, que foram escritas com muita dedicação e coragem. Somos mulheres policiais, mães, esposas, filhas e, apesar das dificuldades que ainda hoje enfrentamos, continuaremos a servir nossa nação com coragem, bravura e a doçura que nos é peculiar.

Uma mulher no Corpo de Bombeiros

Silvia Helena Guidi Lima[12]

Silvia Helena Guidi Lima, 43 anos de idade, casada, 3º Sargento Feminino PM, exerço minhas atividades profissionais no 18º Grupamento de Bombeiros, sediado na cidade de Barueri/SP.

Ingressei na Polícia Militar do Estado de São Paulo em 1987, onde freqüentei o Curso de Formação de Soldados de maio a novembro, na cidade de Marília/SP que qualificou 39 mulheres para a carreira militar, sendo a 1ª Turma de Mulheres a se formar na cidade. Exerci atividades de Policiamento de trânsito, Policiamento motorizado e atividades administrativas. Em 1992, fui promovida à graduação de Cabo Feminino PM, tendo trabalhado sempre na cidade de Marília.

Em 2001 fui convocada para freqüentar o Curso de Formação de Sargentos PM, no Centro de Formação e Aperfeiçoamento de Praças em São Paulo/Capital, de setembro/2001 a março de 2002, onde após, fui classificada para trabalhar no 2º Batalhão de Policiamento de Choque, que é uma unidade do policiamento especialista em eventos desportivos. Em setembro de 2003, prestei provas para freqüentar o Curso de Bombeiros, específico para Sargentos da Polícia Militar, fui aprovada e permaneci até março de 2003 no Centro de Ensino e Instrução de Bombeiro, na cidade de Franco da Rocha/SP, com um total de 77 homens e 4 mulheres.

---

[12] 18º Grupamento de Bombeiros-Barueri-SP.

Durante este período tive que superar muitos obstáculos e dificuldades, pois o curso exigia um bom condicionamento físico. Tivemos noções de Resgate, Salvamento aquático, altura e incêndios, que foram muito importantes para a minha nova atividade profissional.

Em abril de 2002, após o curso, fui classificada no 18º Grupamento de Bombeiros, na cidade de Barueri/SP, onde trabalho no serviço operacional junto com 15 homens, dos quais eu sou comandante.

O Corpo de Bombeiros teve a inclusão de mulheres em 1991, e atualmente conta com aproximadamente 200 mulheres. É uma profissão maravilhosa, pois está voltada a salvar vidas, preservar o meio ambiente e preservar o patrimônio.

Quero enfatizar a todos que uma profissão só é bem sucedida quando se exerce com amor, independente de qual seja e que nunca devemos desistir de lutar para atingirmos nossos objetivos.

Da minha experiência no Corpo de Bombeiros, que é de um ano, tive momentos de difíceis tomadas de decisões, porém todas elas tomadas com muito profissionalismo. Quero ressaltar a que me marcou muito, foi o incêndio em um depósito de papel higiênico, o fogo tomou conta de todo o prédio, e tive de ficar durante toda a madrugada com a mangueira de incêndio, sobre a laje de uma residência, resfriando as casas próximas para que o fogo não se propagasse.

Foi cansativo ao extremo, mas valeu a pena, pois não houve vítimas e os danos ficaram apenas no depósito sinistrado.

Um homem secretário

José Tadeu de Siqueira Lima[13]

José Tadeu de Siqueira Lima, 44 anos, casado, secretário do Departamento de Administração e Supervisão Escolar – UNESP – Campus de Marília. Ingressei na UNESP em 25/02/1987 na Coordenadoria Geral de Bibliotecas, em 1992 fui transferido para o Campus de Marília onde passei pelas seções de graduação, material e almoxarifado, substituindo seus respectivos titulares em suas férias como segue:

- Chefe de Seção II, junto à Seção de Graduação (1994);
- Função de Almoxarife, junto ao Setor de Almoxarifado (1995);
- Encarregado de Setor II, junto ao Setor de Compras (1995/1996);
- Chefe de Seção II, junto à Seção de Material (1996).

Em 01/11/1996 passei a exercer a Função de Secretário de Departamento de Ensino III, lotado, enquanto cargo de confiança, no Departamento de Administração e Supervisão Escolar da Faculdade de Filosofia e Ciências – UNESP – Campus de Marília.

Nesta função, atualmente, tenho como chefe a Profa. Dra. Neusa Maria Dal Ri e como vice-chefe a Dra. Tânia Suely Antonelli Marcelino Brabo.

---

[13] Secretário – UNESP – Campus de Marília (SP).

No Campus de Marília, nas diretorias, temos mulheres exercendo esses cargos, pois percebemos que o que predomina em questão de comando são as mulheres.

Antigamente, a figura do Secretário era aquele que ficava o dia inteiro atrás de uma máquina de escrever, atendendo ao telefone e agendando compromissos do chefe.

No departamento, meu trabalho é burocrático, temos um rol de atividades: (agendo reuniões, secretario as mesmas, faço as atas, encaminho correspondências, processos, guichês, relatórios do departamento, expedientes de contratações, só não cuido da agenda particular do chefe).

Tenho muito orgulho em ser secretário de um departamento de ensino da UNESP. Somos unidos, uma classe guerreira, procuramos sempre lutar por nossos direitos.

Neste Dia Internacional da Mulher quero dizer que particularmente não tenho nada contra o sexo oposto, O QUE SERIA DE NÓS SEM AS MULHERES. Apesar das diferenças que há no mercado de trabalho entre homem e mulher, torço pelo sucesso delas e que a cada dia conquistem mais o seu espaço.

Hoje não poderia deixar de homenageá-las, no entanto escolhi uma – a minha esposa – aqui presente e estenderei esta minha homenagem a todas as mulheres presentes.

ESTA MULHER, MINHA ESPOSA, É A PESSOA QUE ME IMPULSIONA, ANIMA, MEU BRA-

ÇO DIREITO, É A MULHER MAIS IMPORTANTE DE MINHA VIDA. INTELIGENTE, SINCERA, LEAL, AMOROSA, MEIGA, ÓTIMA PROFISSIONAL, EXCELENTE ESPOSA.

FAÇO DESSAS PALAVRAS A MINHA HOMENAGEM A TODAS AS MULHERES PRESENTES.

3. Educação, saúde e gênero

Masculino-feminino: nada mais "natural"

Maria Helena Bueno Trigo[14]
Lucila Reis Brioschi[15]

Dentre os assuntos que dizem respeito à família estão as questões ligadas à dominação masculina. Este tema é, freqüentemente, percebido como algo natural, ou seja, decorrente das diferenças biológicas entre os sexos. Talvez, por isso mesmo seja tão difícil apreendê-lo dentro de uma perspectiva sociocultural.

---

[14] Psicóloga, doutora em Sociologia pela FFLCH/USP e coordenadora do Seminário Família e Sociedade no NEMGE-USP.
[15] Socióloga, doutora em Sociologia pela FFLCH/USP e coordenadora do Seminário Família e Sociedade no NEMGE-USP.

Um dos nossos intuitos foi justamente, mostrar que não são só as diferenças biológicas que fundamentam as relações entre os sexos, mas ao contrário, há uma construção histórico-social e cultural de uma ordem social androcêntrica que se pretende natural e eterna[16].

Tomamos como ponto de partida para nossas discussões o texto "A Dominação Masculina" de Pierre Bourdieu, onde o autor mostra as origens e pressupostos, bem como as permanências e mudanças nas relações de gênero através da história.

Segundo Bourdieu, seria necessário explicitar as circunstâncias e os mecanismos sociais e "históricos responsáveis pela *des-historicização* e pela *eternização* das estruturas da divisão sexual e dos princípios de divisão correspondentes"[17]. Nessa discussão, buscamos desnaturalizar a questão, destacando alguns pressupostos que fundamentam as noções de divisão sexual dos espaços e competências, na atualidade. Assim, o foco central desse texto é deixar claro que não são homens e mulheres enquanto indivíduos ou pessoas que estão em discussão, mas sim, algo bem mais amplo que transcende as consciências individuais; estamos tratando de valores sociais, de mentalidade, de cultura, enfim de toda a esfera simbólica que mantém e dá forma às estruturas sociais. Estamos nos referindo a visões de mun-

---

[16] BOURDIEU, Pierre. *A dominação masculina*. Rio de Janeiro: Bertrand Brasil, 2002 pp. 31-33.
[17] Idem Ib. p. 5

do, códigos de comunicação e, conseqüentemente, aos significados atribuídos pelos agentes às suas práticas e às práticas do outro no contato social.

As discriminações de sexo, assim como as discriminações de raça, persistem como uma das formas mais antigas de dominação social. Uma abordagem de ordem geral nos mostra que estas são duas formas de discriminação em que o biológico assume papel preponderante para explicar e justificar o estabelecimento de hierarquias e desigualdades entre grupos sociais. A natureza estabelece as distinções e a sociedade atribui os valores que, apesar de arbitrários, são apresentados como naturais e eternos. Assim, ao invés de pensarmos "ele é negro e, segundo os nossos valores sociais, ele é colocado em uma posição de inferioridade em relação aos brancos" ou "ela é mulher e a nossa sociedade que valoriza o masculino a relega para uma posição subalterna", eliminamos do nosso pensamento (e dos nossos sentimentos, atitudes e valores) a mediação social de atribuição de posições e construímos o pensamento sobre pressupostos que se apresentam como naturais e, portanto, justificáveis e imutáveis: ele é negro, ela é mulher, portanto as características biológicas – e não as relações sociais – os predispôs a ocupar posições socialmente dominadas.

Foram os estudos feministas que, a partir dos anos de 1970, adotaram uma nova epistemologia e tomando o gênero como categoria analítica, procuraram ultrapassar a idéia vigente de naturalização das condições masculina e feminina. A noção de gênero seria, pois, "a expressão do aspecto sociocultural das relações entre homens e mulheres, enquanto a noção de sexo ficaria reservada ao aspecto biológico" [18]. Em outras palavras, o termo "relação de gênero" designa a dimensão dos atributos culturais alocados a cada sexo paralelamente à dimensão anátomo-fisiológica. Tomada nesse sentido, a noção de gênero evidencia a idéia de que as relações são construídas pela assimetria permanente entre os sexos, donde se depreende que tais relações não são estanques, bem pelo contrário, são dotadas de um dinamismo que torna a condição de gênero mutável e conjuntural, ou seja, variável no tempo e no espaço[19].

A atribuição de valores "masculinos" e "femininos" integra o "sistema simbólico de uma sociedade organizada de cima a baixo segundo o princípio do primado da masculinidade" [20]. Como salienta Bourdieu em seu texto, a divisão entre os sexos fundamenta-se em um princípio milenar e primordial que, separando a humanidade em homens e mulheres, reserva aos primeiros o direito sobre os jogos sociais dignos de serem jogados,

---

[18] GROSSI, Míriam e MIGUEL, Sônia. A trajetória do conceito de gênero nos estudos sobre a mulher no Brasil. Florianópolis, 1990. (mimeo) p. 3.
[19] TRIGO, Maria Helena Bueno. Espaços e Tempos Vividos; estudo sobre os códigos de sociabilidade e relações de gênero na Faculdade de Filosofia, Ciências e Letras (1934-1970). Tese de doutorado apresentada ao Departamento de Sociologia da FFLCH da USP São Paulo, 1997. p. 132.
[20] BOURDIEU op.cit. p.100.

ou seja, a guerra, a política ou o acesso ao conhecimento, enquanto as mulheres ficam restritas à esfera do privado e, portanto, alijadas dos grandes jogos sociais.

E é através do *habitus* que se dá a incorporação desses valores, constituindo o que se pode chamar de uma "segunda natureza". Esse mesmo *habitus* incorporado determina a maneira de ser das pessoas que são, por seu lado, confirmadas pelas estruturas sociais [21]. A consonância entre as estruturas internas da subjetividade e as estruturas sociais externas – aquilo que nós aprendemos e aquilo que percebemos à nossa volta – nos leva a perceber o mundo social como natural e eterno.

É, ainda, pela incorporação desses valores constitutivos do *habitus* que a dominação masculina persiste através dos tempos, determinando as práticas e representações dos agentes. Assim, milenarmente, os jogos sociais estão definidos a partir da divisão dos sexos e, toda a engrenagem incorporada pelo *habitus* envolve homens e mulheres como parte desse jogo dificultando e muitas vezes impossibilitando que rompam as regras estabelecidas para as relações entre os sexos.

Ainda de acordo com o autor citado, a relação entre os gêneros é a forma paradigmática do que ele chama de "dominação simbólica", isto é, de uma violên-

---

[21] "As categorias de percepção do mundo social são, no essencial, produto da incorporação das estruturas objetivas do espaço social. Em conseqüência, levam os agentes a tomarem o mundo social tal como ele é, a aceitarem-no com natural..." (Bourdieu, Pierre. O poder simbólico. Lisboa:DIFEL; Rio de Janeiro: BERTRAND, 1989 p. 141).

cia que se exerce sobre o agente social com a sua cumplicidade, advinda de um conhecimento falho (*méconnaissance*) que o leva a ser cúmplice da violência que se exerce sobre ele. Esse conhecimento falho faz com que o dominado reconheça a dominação exercida mas não a identifique como violência, tornando-se assim objeto e sujeito dessa dominação. Em função da herança incorporada e reforçada constantemente pelo ambiente social, o *habitus* feminino tende a reproduzir a situação de dominação uma vez que, como foi dito, sua própria visão e percepção do mundo são plasmadas a partir dessa herança.

Ao colocarmos o problema historicamente, partimos do pressuposto que a realidade social é dinâmica e, há momentos em que as estruturas sociais apresentam-se em condições diversas das que foram incorporadas precocemente pelos agentes. Essa discrepância entre *habitus* e estruturas sociais, que ocorre na dinâmica do processo histórico (como produto e produtor do mesmo) é que permite a contestação e a resistência aos mecanismos de dominação, por parte de agentes privilegiados. Nesse sentido, seja como vozes isoladas, seja enquanto grupos, em todas as épocas encontramos manifestações de mulheres denunciando ou se contrapondo à dominância masculina[22]. A segunda metade do século XX marcou um desses períodos de mudanças significativas e está dentro da proposta desse texto, examinar o que se passou nesse período.

---

[22] MICHEL, Andrée. Le féminisme. Paris: PUF, 1979.

Mudanças do século XX

A expansão do modo de produção capitalista trouxe consigo mudanças nas estruturas sociais que afetaram diretamente a configuração das famílias e a posição das mulheres na sociedade. A segregação entre casa e trabalho, a rígida separação entre as esferas do público e do privado, a ascensão da burguesia como classe dominante trouxeram para as sociedades ocidentais uma disseminação dos valores próprios a essa classe e uma grande valorização da família conjugal nuclear, como fundamento das relações sociais[23]. As mulheres burguesas foram confinadas ao espaço doméstico e as trabalhadoras passaram a competir com os homens nos espaços das manufaturas e das fábricas sendo relegadas, cada vez mais, aos postos de menor remuneração.

No entanto, a própria revolução liberal burguesa tornava as discrepâncias entre os discursos e as práticas mais visíveis, propiciando o acirramento de uma série de reivindicações por parte das mulheres, segundo a sua posição social: acesso à educação em todos os níveis, direito à gestão econômica dos seus bens, ao exercício de ofícios e profissões liberais, melhoria de salários e redução de jornada de trabalho, direito ao voto, recusa da dupla moral sexual e outros.

O final do século XIX e início do século XX foram, portanto, marcados por um questionamento mais ou menos difuso da moral e dos valores burgueses, acom-

---

[23] ARIÈS, Philippe. História Social da Criança e da Família. Rio de Janeiro: Zahar, 1978.

panhado por mudanças na organização e estrutura familiares, assim como, da conquista de algumas antigas reivindicações por parte das mulheres.

A contínua expansão do capitalismo industrial, por seu lado, resultou na necessidade de ampliar os mercados consumidores, ao mesmo tempo que criava novas necessidades de consumo. As mulheres passaram a ser percebidas no seu potencial de consumo e o espaço doméstico tornou-se alvo de inovações. Sob a égide do desenvolvimento tecnológico toda uma gama de aparelhos de uso doméstico, foi criada e aprimorada, e penetrou na sociedade em um processo de difusão que atingiu primeiro as classes mais abastadas chegando, mais tarde, às classes trabalhadoras. Com isso houve uma liberação do tempo da mulher dedicado aos afazeres da casa. Ao lado disso, o progresso da medicina e da farmacologia, com o lançamento no mercado da pílula anticoncepcional, possibilitou o planejamento da procriação e o exercício da sexualidade sem o ônus da gravidez. Essas mudanças criaram espaço para novas práticas, mas as crenças, visões de mundo, percepções e discursos anteriormente incorporados "ficaram impregnados nos artefatos da cultura, constituindo o acervo de repertórios interpretativos disponíveis para dar sentido ao mundo" [24].

---

[24] SPINK, Mary Jane e FREZZA, Rose Mary. Práticas Discursivas e Produção de Sentido: a perspectiva da Psicologia Social in Spink, Mary Jane (org). Práticas Discursivas e Produção de Sentidos no Cotidiano: aproximações teóricas e metodológicas. São Paulo: Cortez, 2004 (3a. edição). pp. 17-39.

Nesse contexto, o movimento feminista foi, sem dúvida, uma das forças mais eficazes no estabelecimento de uma nova ordem e de transformações no que se refere a mudanças na estrutura familiar e à posição das mulheres na sociedade.

A entrada das mulheres burguesas no mercado de trabalho, na segunda metade do século XX, pode ser avaliada, em parte, por esse prisma. É pois, diante das mudanças acontecidas nas últimas décadas, construindo uma realidade social com condições diversas das tradicionalmente incorporadas, que se instala uma vivência ambígua de dois padrões, um novo e um mais antigo, que passam a coexistir nem sempre de forma harmoniosa.

A passagem da mulher da esfera privada, doméstica, para o universo público, no mundo ocidental, apresenta-se como tarefa árdua e contraditória. Há por assim dizer, a necessidade de um novo aprendizado. Nesse ponto, algumas questões se colocam: o fato de aderirem a novas práticas, no caso a profissionalização, contribuiu para que uma nova subjetividade feminina aflorasse? Ou, em que medida as novas experiências foram assimiladas e integradas à subjetividade da mulher?

A obra de Doris Lessing intitulada "O verão antes da queda"[25], nos fornece um primoroso exemplo dessa situação: no momento da vida em que os filhos passam a ser independentes, uma dona de casa que jamais tinha saído do universo doméstico se encontra sem o marido,

---

[25] LESSING, Doris. *O verão antes da queda*. Rio de Janeiro: Record, 1973.

que vai participar de um congresso de medicina e sem a casa, cedida (alugada?) para conhecidos que vão passar férias em Londres. Sozinha e sem saber o que fazer, consegue um posto de tradutora simultânea (vivera na África do Sul e dominava a língua portuguesa) num congresso de cafeicultores. A narrativa gira em torno das dificuldades que tem que enfrentar essa mulher, saída de um universo doméstico, para atuar numa esfera onde as regras e os valores eram outros – o espaço público, profissional. Apesar da sua atuação competente no trabalho a que se propusera, suas relações com os congressistas eram marcadas por atitudes maternais e protetoras, reproduzindo, no ambiente de trabalho, uma maneira de ser incorporada na vida doméstica e de família.

Os dias atuais

A partir das últimas décadas do século XX, as mulheres passaram a ocupar, cada vez mais, funções e posições mais distanciadas daquelas em conformidade com seu *habitus* adquirido. Se, no início procuravam profissões e ocupações mais próximas de sua maneira de ser, ou seja, do universo doméstico e das funções de mãe e esposa para que tinham sido educadas – vale dizer, como professoras, enfermeiras etc. isto é, profissões em que o cuidar do outro fosse o objetivo principal – aos poucos foram se aventurando a ocupar posições em espaços tradicionalmente masculinos. Espaços esses, até então, ocupados exclusivamente pelos homens, onde os valores e as regras eram ditados pela maneira de ser masculina. Diante da perspectiva de procurarem se inserir num universo profissional masculino, marcado por valores e requerendo instrumentos que não faziam parte de seu universo, as mulheres viram-se diante da necessidade de enfrentar um novo aprendizado e optar por atitudes e comportamentos adequados ao novo campo.

Para um melhor entendimento desse problema parece útil recorrer-se à teoria de campo de Pierre Bourdieu[26]. Segundo esse autor,

> *o mundo social pode ser pensado como um espaço com várias dimensões delimitadas por princípios de diferenciação representados por seus interesses específicos e objetos de disputa. Dessa maneira, identificamos como campos sociais diversos o campo científico, o campo artístico, o campo educacional, o campo político e assim por diante. Todo campo possui certas características que lhe são próprias, permitindo a sua diferenciação dos demais. Cada campo é marcado por interesses específicos e regras próprias de funcionamento. As interações produzidas no interior de um campo são determinadas pela lógica de estruturação e funcionamento desse campo, que se impõe aos agentes.*

---

[26] BOURDIEU, Pierre. Questões de Sociologia. Rio de Janeiro: Marco Zero. 1983 pp. 89-94.

Ao penetrar em determinado campo, os agentes assumem os interesses, os objetivos e o objeto do campo, criando, por um lado uma cumplicidade entre seus membros, tendo em vista a própria preservação do campo, mas, por outro lado, gerando disputas pela ocupação das posições mais valorizadas dentro do campo. As próprias disputas, travadas em torno das propriedades e dos capitais dos campos, são inerentes ao seu funcionamento e legitimam a sua existência. As lutas travadas entre os agentes pelas posições e capitais específicos dentro dos campos reafirmam o valor daquilo que está sendo disputado e, dos recém-chegados espera-se que valorizem e aprendam a jogar segundo os princípios de funcionamento de cada campo.

Compreendidos o conceito e o funcionamento dos campos, fica fácil entender porque algumas mulheres, ao buscarem uma atuação no espaço público (independente das condições restritivas e preconceituosas em ação) procuraram aquelas posições que permitam colocar em prática, valores mais próximos àqueles que faziam parte de seu *habitus*.

Respeitadas as diferenças individuais, diríamos que outros grupos de mulheres optaram por atuações profissionais em campos tradicionalmente masculinos, procurando superar barreiras até então justificadas por diferenças inerentes aos sexos, ou seja, barreiras "naturais". Na tentativa de modificar as regras do jogo social, podemos dizer que algumas tiveram (ou estão tendo) sucesso, outras terminaram por minimizar ou mesmo negar as dificuldades que pudessem advir do fato de serem mulheres. Isto é, empenhadas no processo de ocupação de espaços até então estritamente masculinos, algumas mulheres passaram a atuar segundo as regras do campo, incorporando seus valores e seus objetivos[27]. Ou seja, identificaram-se com os agentes do campo dominante (os homens), adotaram sua visão de mundo e passaram a competir usando o mesmo instrumental, numa luta pelas posições no campo.

Exemplo emblemático dessa situação é o texto "Lo que me ha enseñado Abu Ghraib" de Barbara Ehreneich[28]. Nele a autora, como feminista, declara-se chocada com as fotos da prisão de Abu Gharaib (missão dos Estados Unidos no Iraque). Essa reportagem mostra sete membros do exército americano, três dos quais eram mulheres cometendo atrocidades contra os iraquianos. O fato abala a crença de um certo feminismo que via os homens como os eternos autores dos delitos e as mulheres como vítimas, sendo que a violência sexual dos homens contra as mulheres seria a raiz das injustiças. Essa leitura pressupõe mais uma vez que homens e mulheres sejam intrinsecamente diferentes e que, ao fazer parte de corporações ou associações as

---

[27] VARIKAS, Eleni – L' Approche historiographique dans l'histoire des femmes in Genre de la histoire. Cahiers de Grif (37-38). Paris: Editions Tierce, 1988. p. 82.

[28] EHRENREICH, Bárbara. A uterus is no substitute for a conscience. What Abu Ghraib taught me. Znet, 21 de mayo 2004 (traduzido para o espanhol por Alegria Beltrán).

mulheres teriam o poder de modificá-las. Ou seja, "uma vez obtido o poder e a autoridade, uma vez assegurada uma presença significativa nas instituições sociais, as mulheres trabalhariam de forma natural para mudá-las, impregnando-as de seus valores e modo de ser".

No entanto, o que nos mostra o acontecimento é que a simples luta pela igualdade de gênero não pode, por si mesma, proporcionar um mundo justo e em paz. Realmente, nessa crença propalada por um feminismo que, no dizer da autora tem matizes de ingenuidade, ficou esquecida a luta pelas posições dominantes nos campos. Isto é, ao ingressar no universo pautado por valores masculinos e dominantes, muitas das mulheres procuram assumir esses valores e práticas, na busca de ganhar posições na competição e luta pelo poder. Como foi dito, para triunfar em campos específicos é preciso saber e poder manejar os instrumentos próprios do campo.

A subversão dos valores tidos como masculinos – agressividade, competição – e a afirmação de uma sociedade pautada por valores femininos – solidariedade, amor, cuidado com os outros – foi proposta por Rita Lee no texto onde diz que: "é preciso feminilizar o mundo e torná-lo mais distante da barbárie do mercantilismo"[29]. Continuando em seu texto, Rita Lee declara: "só as mulheres podem desarmar a sociedade" dando uma conotação idílica e naturalizada ao que poderia

---

[29] Lee, Rita. Mais macho que muito homem in www.usinadeletras.com.br 02.08.2004.

se tornar um mote para subversão do social. O que não se pode esquecer é que ao penetrar na esfera pública, mais fortemente marcada pelos valores masculinos da sociedade, homens ou mulheres tornam-se agentes daquele campo de atividades e tendem a atuar segundo as suas regras.

A partir do que foi discutido, tentamos colocar em evidência o fato de que, ainda nos dias atuais, as visões e propostas continuam conflitivas. A visão que leva a uma naturalização coloca os valores masculinos e femininos nos indivíduos ao passo que as relações de gênero remetem para as estruturas sociais.

Acreditamos que o texto de Olgaria Matos calcada no pensamento de Marcuse, forneça alguma luz para o entendimento da questão: "...Marcuse designou uma sociedade cujo princípio de realidade seria feminino e não masculino como sociedade andrógina, com o que não queria significar que o homem se convertesse em mulher ou a mulher em homem. Significa apenas que o homem e a mulher realizem em todas as esferas da sociedade aquelas qualidades que foram reprimidas no curso da história, que foram constrangidas ao silêncio e confinadas à esfera privada.[...] nas qualidades ditas femininas habita um outro princípio de realidade em conflito com o princípio de rendimento capitalista e produtivista[...]"[30].

---

[30] MATOS, Olgária. Apresentação à edição brasileira in Canevacci, M. (org). Dialética da Família. São Paulo: Brasiliense, 1981. p. 11.

O silêncio para esconder os medos

Guirado, S.M.M.[31]

A internação de uma criança e/ou adolescente numa enfermaria de pediatria pressupõe a presença de um acompanhante adulto que fique ao seu lado colaborando para minimizar a vivência desta situação tão aterrorizante. Naturalmente, é a mãe da criança e/ou adolescente quem acompanha, sendo depositária de fantasias, medos e angústias do filho. O lugar ocupado por esta mulher é invariavelmente desconfortável, sujeito a projeções do filho doente, da família e da própria equipe de saúde. A função materna deve ser exercida com firmeza, continência afetiva e principalmente sem a manifestação de queixas. A boa mãe, colaboradora e emocionalmente continente é aquela que não atrapalha os procedimentos de enfermagem, não questiona as condutas médicas, não interfere nas rotinas da enfermaria e tem um filho bonzinho, confirmando assim o mito do amor materno.

A partir da vigência do Estatuto da Criança e do Adolescente, a presença do acompanhante passou a ter amparo legal e, com isso, as unidades de pediatria tiveram que conviver com as mães junto aos seus filhos em tempo integral durante a internação, criando uma nova realidade muitas vezes conflitiva. Para propiciar o contato destas mães com seus sentimentos, conflitos,

---

[31] Psicóloga. Faculdade de Medicina de Marília e Universidade de Marília.

angústias e ansiedades desencadeadas pela situação de internação, criamos um espaço grupal semanal denominado "grupo terapêutico para acompanhantes".

Através do referencial psicanalítico é oferecida escuta e intervenção terapêuticas buscando, nas verbalizações desses acompanhantes, compreender os processos psíquicos desencadeados pela doença do filho e agudizadas pela internação hospitalar. Sentimentos de culpa, solidão, abandono, medo da morte, fantasias de perda, ambivalência quanto à necessidade da internação e intervenções, entre outros, são trabalhados e, na medida em que são compreendidos e elaborados emocionalmente, propiciam à acompanhante uma melhor relação consigo, com o filho e com a equipe de saúde, favorecendo assim o tratamento do paciente.

Diferenças, desigualdades e conflitos de gênero nas políticas educacionais: o caso do PNE[32]

Cláudia Vianna[33] e Sandra Unbehaum[34]

O Brasil vivenciou a partir do final da década de 1980 uma significativa fase de mudanças políticas e econômicas acompanhadas por pressões de movimentos sociais, entre os quais o de mulheres e feminista, por transformações no âmbito social. Num cenário de redefinição democrática da política governamental, passou-se a defender a tese de que a formulação de políticas públicas deveria estar voltada para a superação das desigualdades sociais, favorecendo a inserção de propostas que contemplassem as desigualdades de gênero. É importante lembrar também uma mudança na relação Estado-Sociedade ocorrida a partir da Conferência Mundial sobre a Mulher (em Beijing, 1995), cuja Plataforma, conduzida pelo movimento de mulheres no Brasil, tem servido de base para definir diretrizes no campo das políticas públicas (Soares, 2004; Farah, 2004).

Temos, de um lado, um belo e completo ordenamento jurídico que não contempla somente os direitos

---

[32] Parte desse conteúdo foi apresentado em explanação oral no Conselho Nacional de Educação, por Cláudia Vianna e na IV Semana da Mulher – "Lutas do passado, conquistas do presente e perspectivas futuras" (março de 2005, UNESP, Marília) por Sandra Unbehaum.

[33] Profa. Dra. da Faculdade de Educação da Universidade de São Paulo.

[34] Socióloga, pesquisadora da Fundação Carlos Chagas. Mestra e doutoranda pela Universidade de São Paulo, Departamento de Sociologia.

civis e individuais (1ª geração), mas também direitos da Humanidade (4ª geração), garantindo a possibilidade de existência digna para as gerações futuras, mas de outro, a desigualdade tem crescido no Brasil e no mundo, sendo na atualidade mais elevada do que em outros momentos. No caso do Brasil, as disparidades regionais, associadas às desigualdades de raça e de gênero são significativas e diariamente denunciadas[35].

Se de um lado avançamos com a elaboração de uma Constituição Brasileira que consagra, por exemplo, o primado do respeito aos direitos humanos, invocando de imediato o sistema internacional de proteção dos direitos humanos, admitindo a concepção de que tais direitos constituem tema de legítima preocupação e interesse da comunidade internacional, de outro, o Estado brasileiro tem se caracterizado pela desarticulação e descontinuidade das políticas públicas, marcadas por acesso desigual para boa parte da população brasileira[36].

---

[35] Ver Relatório do Governo Brasileiro sobre a Convenção sobre a Eliminação de Todas as Formas de Discriminação contra a Mulher (2002); Relatório PIDESCH (2003 e 2004) e Documento do Movimento de Mulheres para o Cumprimento da Convenção sobre a Eliminação de Todas as Formas de Discriminação contra a Mulher, Propostas e Recomendações (2003).

[36] O atual governo Lula (e mesmo o anterior, FHC) investem em políticas compensatórias, por meio de políticas de cotas, para reduzir a desigualdade. As reações da sociedade civil, com segmentos contrários a essas medidas, sobretudo na educação, revelam a ausência de uma discussão ampla sobre as desigualdades sociais produzidas pela própria sociedade e os meios para dizimá-las.

A educação, entendida como um *lócus* privilegiado de apreensão e compreensão dos direitos, bem como um instrumento fundamental de acesso a eles, é um campo propício para uma análise sobre as políticas públicas favoráveis à igualdade, e em particular, à igualdade de gênero. Este é o foco deste artigo, fruto de uma pesquisa mais ampla denominada Latin American Public Policies in Education from Gender Perspective, *da qual participamos* sob a coordenação geral da Profa. Dra. Nelly Stromquist, (University of Southern California). Na pesquisa que realizamos no Brasil, procuramos identificar o contexto e o marco normativo nacional que colaboraram para a introdução das questões de gênero nas legislações e reformas federais. Para isso selecionamos como objeto de estudo a Constituição Federal, CF 1988 (Brasil, 2001); a Lei de Diretrizes e Bases da Educação nacional, LDB Lei nº 9.394/1996 (Brasil, 1996); o Plano Nacional de Educação, PNE Lei nº 10.172/2001 (Brasil, PNE, 2001), os Referenciais Curriculares Nacionais para a Educação Infantil (Brasil, RCNEI, 1998) e os Parâmetros Curriculares Nacionais para o ensino fundamental (Brasil, PCN, 1997)[37]. Foram realizadas entrevistas com pessoas envolvidas com a elaboração de algumas destas políticas públicas, além de análises de bibliografia e de outros documentos pertinentes ao tema.

---

[37] Análises e reflexões preliminares foram publicadas na Revista Cadernos de Pesquisa, v. 34, n. 121, pp. 77-104, jan./abr. 2004; Taboo: The journal of culture and Education, São Francisco, California, 2002.

Porém, no presente artigo vamos destacar um dos principais documentos que especificam as diretrizes nacionais das políticas públicas educacionais no Brasil: o Plano Nacional de Educação, PNE – Lei nº 10.172/2001 (Brasil, PNE, 2001) aprovado pelo MEC. Compreender a lógica da ausência e/ou presença da transversalidade de gênero nas políticas públicas de educação exigiu dois movimentos analíticos. Um deles, voltado para o exame do referido documento a partir da idéia de direitos e da construção da cidadania, bem como dos conceitos de diferença e desigualdade a ela subjacentes. O outro dirigido às possíveis concretizações da idéia de cidadania, tomando o contexto e os marcos normativos nacionais para as políticas públicas de educação, observando a permanência de costumes e formas de controle, mas também indícios de mudanças e novos significados da prática social. Em ambos os movimentos analíticos é a perspectiva de gênero que orienta a análise, indicando possíveis decorrências para o acirramento e/ou minimização das desigualdades de gênero nas políticas públicas de educação no Brasil.

Antes de determo-nos na análise do PNE apresentamos uma reflexão sobre o contexto teórico que embasa nosso estudo: gênero, diferenças e diversidade. Nossa análise dá destaque ao resgate das diferenças compreendendo o conflito e a ambigüidade como inerentes a essas concepções. Assumir a própria identidade, aquilo que nos define e orienta nossos valores e linguagens, implica ir ao encontro com a diferença, se possível negociada e não subordinada ou violentada. Diferença e solidariedade são dimensões das relações sociais, mas quando apenas a diferença se torna a única bandeira o resultado é a violência e a subordinação (Melucci, 2000).

Ainda temos os olhos pouco treinados para ver as dimensões de gênero nas políticas públicas de educação e no dia a dia escolar. A intersecção entre relações de gênero e educação ganhou maior visibilidade nas pesquisas e indagações educacionais somente em meados dos anos de 1990, sendo ainda caracterizada pela pouca divulgação das pesquisas e pela ausência de reflexões em algumas temáticas educacionais específicas (Rosenberg, 2001). Este é o caso das políticas educacionais, sendo escassas as investigações sobre o atual desenvolvimento de políticas públicas de educação sob a perspectiva da redução da desigualdade de gênero no sistema de ensino brasileiro. Igualmente nas escolas as relações de gênero ganham pouca relevância entre educadores e educadoras, assim como no conteúdo dos cursos de formação docente.

O desafio está em perceber o gênero na política, que organiza o sistema nacional de ensino, e na prática educacional cotidiana das relações escolares. Esse desafio supõe igualmente um debate teórico sobre a presença das diferenças no campo da construção e ampliação dos direitos.

Os direitos sociais se referem, sempre, às conquistas historicamente possíveis de setores que procuram transformar suas necessidades em direitos socialmente reconhecidos. E uma das esferas de reconhecimento dos direitos conquistados é a lei, o chamado direito positivo, legalmente reconhecido. Esse reconhecimento tem facilitado a luta para transformar os direitos em deveres efetivos do Estado, porém a legislação nem sempre garante a abrangência equânime de direitos e deveres a todas as pessoas, indistintamente. Apesar de sua suposta neutralidade, a lei e as políticas públicas decorrentes expressam a correlação de forças políticas e econômicas presentes no momento histórico em que foram elaboradas.

Esta realidade contraditória cria situações que exigem a análise das relações assimétricas e de dominação. A Constituição Federal promulgada em 5 de outubro de 1988, ao ser aprovada, recebeu de Ulisses Guimarães, presidente do então chamado Congresso Constituinte, o título de Constituição Cidadã, devido aos avanços por ela introduzidos em termos de direitos sociais. De fato, ela incluiu várias contribuições no âmbito da cidadania e dos direitos. Entre elas, a compreensão de que "*todos são iguais perante a lei, sem distinção de qualquer natureza*" (art. 5º CF 1988) e a necessidade de "*promover o bem de todos, sem preconceitos de origem, raça, sexo, cor, idade ou quaisquer formas de discriminação*" (art. 3º CF 1988). Porém, apesar destes preceitos, tem sido necessária a reivindicação de políticas específicas para que gays e lésbicas, negros, mulheres, índios e pessoas com necessidades educacionais especiais tenham viabilizados os mesmos direitos que qualquer outro cidadão brasileiro. Nem sempre a lei consegue se insurgir contra valores e costumes, por exemplo, nas polêmicas geradas por projetos de lei para políticas específicas que contemplem os direitos dos homossexuais brasileiros. A votação do Projeto de Parceria Civil Registrada (PCR) – lei que reconhece as relações estáveis entre pessoas do mesmo sexo com a garantia de direito básico junto à Previdência Social, aos Planos de Saúde e à Receita Federal – está tramitando no Congresso desde 1995 e ainda não foi promulgada, apesar do apoio de setenta parlamentares da Frente Parlamentar pela Livre Expressão Sexual em 2003.

Quando tratamos da educação escolar, também temos presentes inter-relações assimétricas e de dominação da sociedade mais ampla. A educação escolar embora devesse educar para a cidadania e para a igualdade tende a reproduzir valores e costumes dominantes da sociedade, na qual se expressam as discriminações, dentre elas as de gênero e de raça. A escola é, portanto, espaço de um importante dilema ou paradoxo – de um lado reproduz a diferença, porém marcada pela desigualdade, de outro lado deveria valorizar a diferença, por meio do respeito à diversidade. Daí a importância de observar se na elaboração das políticas públicas de educação há indícios de enfrentamento das desigualdades sociais nos seus mais distintos matizes, incluindo entre eles as discriminações de gênero. Isso exige um posicionamento diante da tensão entre a *igual-*

dade de direitos e a *defesa das diferenças*, de modo a garantir direitos que assegurem a aquisição de instrumentos que possibilitem a compreensão dessas leis e da complexidade da organização social atual, pois a "dialética entre o direito à igualdade e o direito à diferença na educação escolar como dever do Estado e direito do cidadão não é uma relação simples" (Cury, 2002, p. 255).

Viver com a diferença contém um potencial intrinsecamente ambivalente:

> *Existe de fato, de uma parte, o risco desagregador, do momento em que a exposição da diferença pode levar à desintegração, à perda das ligações fundamentais que permitem a busca de fins em comum. Mas, de outra parte, a diferença tem também um enorme potencial dinâmico porque gera aquela sinergia, aquela conexão que em um mundo homogêneo não era possível (Melucci, 2000, p. 70).*

Isto significa que não se pode opor igualdade à diferença ou tampouco excluir um em detrimento do outro. Ser igual não quer dizer ser idêntico, homogêneo. Como observa Benevides (mimeo, 2001), o direito à igualdade pressupõe o direito à diferença, o que é muito distinto da desigualdade. Esta pressupõe uma hierarquia, e por isso, valores distintos, estabelecendo graus de superioridade e inferioridade. O direito à diferença protege nossas características identitárias, enquanto que o direito à igualdade protege os indivíduos, cujas características são motivos para exclusão, discriminação e perseguição (Benevides, mimeo, 2001, p. 11).

Acredita-se que a valorização das diferenças implicaria em desagregação, em perda de projetos coletivos. Refletindo sobre o risco da defesa do diferencialismo, Henri Lefebvre (1970) nos alerta sobre sua possível relação com a manutenção e o acirramento do preconceito e da exclusão. Antônio Flávio Pierucci (1990) também chama a atenção para as armadilhas racistas e sexistas que a defesa do direito à diferença pode conter, aproximando-se das recomendações de Melucci (2002) quanto ao fato de que a argumentação do conservador oscila o tempo todo entre celebração (auto-referida) da diferença e repulsa aos diferentes, entre afirmação e negação, entre constatação inescapável da existência efetiva das diferenças e recusa (mais ou menos agressiva, mais ou menos violenta) de conviver com elas.

Entretanto, a negação do direito à diferença com base no risco da mais absoluta discriminação é um dos usos possíveis dessa noção, mas não o único. Defender a diferença, como algo que está na base de "toda tentativa de apreensão dialética da mudança social" (Harvey, 1989, p. 320) é tarefa urgente quando se trata da construção coletiva e democrática da ampliação de direitos na política educacional e nas relações escolares.

É nesse sentido que se torna importante recuperar aspectos da organização social como classe, raça/etnia, gênero, religião, geração e outras dimensões sociais que remetem à diversidade (isto é, às diferenças, mas que não devem redundar em desigualdades), sem perder a luta por direitos – contida na noção de equivalência – mas sem tampouco cair na defesa da particularidade – *lócus* da negação do coletivo.

O respeito à diferença apresenta um enorme potencial dinâmico, gerado pela sinergia, pela conexão que em um mundo homogêneo não seria possível; diferença e igualdade são ambas, dimensões das relações sociais. A prática social, no entanto, se recortada pela homogeneização, permite o acesso a direitos genéricos, garantidos pela equivalência da lei, dos princípios morais e éticos e pela igualdade abstrata. Por outro lado, a prática social remete, ao mesmo tempo, ao conflito, uma vez que a homogeneidade da igualdade abstrata oculta necessidades individuais e coletivas diversas e omite distinções e contrastes, diferenças de classe social, gerações, raça/etnia, gênero.

Neste sentido, a diferença não pode se reduzir à homogeneidade. A diferença não pode ser definida como um campo residual (Lefebvre, 1970). É preciso, no entanto, cuidado, pois ao separar o diferente e isolá-lo sem reintegrá-lo ao conjunto corre-se o risco de matarmos a diferença, reduzindo-a a mera particularidade, ao individualismo.

E quanto às relações de gênero? O que essa ótica de análise pode apontar de novo para a superação de preconceitos e discriminações? Do que estamos falando? Do impacto da não inclusão das questões de gênero nas políticas públicas educacionais, e isto se traduz na discriminação das mulheres nos materiais didáticos e nos currículos, na limitação do acesso à educação e da permanência na escola de jovens grávidas, no fracasso escolar que nitidamente marca de maneira distinta a trajetória escolar de meninas e meninos.

Ainda é comum que as diferenças entre homens e mulheres sejam remetidas diretamente ao sexo e consideradas como naturais e imutáveis. Feminino e masculino passam a ser consideradas categorias opostas, excludentes, além de hierarquizadas em detrimento dos valores e significados femininos. "O ordenamento das relações sociais assim polarizado, hierárquico e cristalizado desloca a culpa das evidentes desigualdades sociais, políticas e econômicas para a natureza" (Matos, 2001, p.70). E este modo de compreensão da realidade é reforçado não só pela medicina pelas ciências biológicas mas por instituições sociais como a família e a escola, bem como pelas políticas públicas de educação.

O cerne do conceito de gênero é sair de explicações das desigualdades fundamentadas sobre as diferenças físicas e biológicas, afirmando o caráter social, histórico e político do gênero enquanto relação social. Esse conceito remete então à dinâmica da construção e da transformação social, aos significados de gênero que vão para além dos corpos e dos sexos e subsidiam noções, idéias e valores nas distintas áreas da organização social: nos símbolos culturalmente disponíveis sobre masculinidade, feminilidade, hetero, homo e transsexualidade; nos conceitos normativos referentes às regras nos campos científicos, políticos, jurídicos; nas concepções políticas que são implantadas em instituições sociais como a escola; nas identidades subjetivas e coletivas que resistem à pretensão universal e generalizada do modelo dominante de masculinidade/feminilidade.

O que podemos ver nas leis e planos que se relacionam à presença das relações de gênero nas políticas de educação? O que podemos ver em particular no Plano Nacional de Educação que aponte para estratégias de superação das desigualdades, sem obstar as diferenças? O gênero, como um modo de dar significado às relações de poder estabelecidas e difundidas pelas políticas educacionais, está nas mais variadas esferas, níveis e modalidades de ensino. E a avaliação sistemática da transversalidade de gênero nas políticas públicas educacionais pode se tornar um precioso aporte para a percepção das desigualdades de gênero. No caso do Plano Nacional de Educação em vigor desde 2001, pode-se apontar um certo avanço em relação à adoção de uma perspectiva de gênero. O gênero surge em alguns de seus tópicos e aparece mencionado em vários níveis de ensino, porém o PNE não está impregnado de uma real perspectiva de gênero. Como veremos a seguir, faltou ousadia se considerarmos o contexto histórico em que o PNE foi produzido, quando as desigualdades de gênero e a necessidade de superá-las já estavam no centro dos debates na sociedade brasileira.

O Plano Nacional de Educação

Desde a Constituição de 1934, um artigo específico (art. 150) declara como competência do Estado "fixar o Plano Nacional de Educação, compreensivo do ensino de todos os graus e ramos, comuns e especializados; coordenar e fiscalizar sua execução, em todo o território do País". Essa diretriz é fruto de reivindicação de um grupo de educadores brasileiros já na década de 1920.

Todas as Constituições posteriores, com exceção da de 1937, incorporaram a proposta de um Plano Nacional de Educação. Porém, o primeiro Plano surgiu efetivamente em 1962, elaborado sob a vigência da primeira Lei de Diretrizes e Bases da Educação Nacional (Lei nº 4.024/1961). Tratava-se de um conjunto de metas quantitativas e qualitativas que deveriam ser alcançadas num prazo de oito anos. Essa proposta sofreu alterações em 1965, dentre as quais o incentivo à elaboração de planos estaduais. Em 1966, foi realizado um Plano Complementar de Educação que trouxe importantes modificações, sobretudo na distribuição de recursos federais, cursos profissionalizantes e proposta para erradicação do analfabetismo.

Em 1967, nova proposta de lei ressurgiu, sendo inclusive discutida em encontros nacionais de planejamento, mas não chegou a se concretizar. Com a Carta Constitucional de 1988 (Brasil, 2001, art. 214) foi finalmente instituída com força de lei a obrigatoriedade de um Plano Nacional de longo prazo. A nova LDB também define que a União elabore um Plano Nacional de Educação (Brasil, 1996, art. 9º).

Sua definição, no entanto, não ocorreu sem conflitos e disputas. Ainda que coubesse à União em parceria com os Estados e Municípios elaborar um Plano Nacional de Educação – e encaminhá-lo para aprovação pelo Congresso Nacional no prazo de um ano, após a publicação da nova LDB (Brasil, 1996, art. 87, §1º) – os governos daquele período não o fizeram.

Com a expectativa de que o Plano Nacional de Educação fosse resultado de ampla discussão com a sociedade civil, setores organizados junto ao Fórum Nacional em Defesa da Escola Pública sistematizaram as primeiras diretrizes educacionais para sua elaboração, durante o I Congresso Nacional de Educação da Confederação Nacional dos Trabalhadores em Educação (I CONED, 1996), em Belo Horizonte, em julho e agosto de 1996. Com a aprovação da nova LDB, acelera-se o processo de elaboração do Plano e, em nove de novembro de 1997, é consolidado o *Plano Nacional de Educação: proposta da sociedade brasileira*", durante o II Congresso Nacional de Educação (CONED, 1997), realizado também em Belo Horizonte.

Em 1998, o Deputado Ivan Valente apresentou ao Plenário da Câmara dos Deputados o Plano elaborado no II CONED, então transformado no Projeto de Lei nº 4.155/1998, que passou a ser debatido na Comissão de Educação da Câmara Federal. Entretanto, a União não apoiou a discussão da proposta apresentada e submeteu à apreciação um outro Plano Nacional de Educação.

Essa estratégia inusitada fez com que o PNE proposto pelo governo tramitasse como anexo ao *"Plano Nacional de Educação: proposta da sociedade brasileira"*, sob o nº 4.173/1998. Mas por pouco tempo, já que a tramitação dos dois Planos no Congresso Nacional sofreu substituição semelhante à tramitação do Projeto de Lei relativo à nova LDB. Após incluir parcialmente trechos introdutórios do *"Plano Nacional de Educação: proposta da sociedade brasileira"*, o PNE apresentado pelo MEC passou a ser o Plano Nacional de Educação aprovado pela Comissão de Educação na Câmara dos Deputados. Em 9 de janeiro de 2001 o Presidente da República sancionava – com nove vetos – a Lei nº 10.172/2001, aprovando o PNE já ratificado pela Câmara (Valente & Romano, 2002).

Cabe destacar alguns dos aspectos que distinguem o PNE proposto pela sociedade brasileira do Plano Nacional de Educação proposto e aprovado pelo MEC (Brasil, PNE, 2001), pois servirão, posteriormente, como referência para esta análise. Trata-se de dois projetos opostos, oposição evidenciada no tema do financiamento, como ressaltam Ivan Valente e Roberto Romano (2002). O Plano do MEC enfatiza basicamente o ensino fundamental, não provendo os demais níveis escolares com propostas detalhadas e, principalmente, com previsão de recursos financeiros, enquanto o *PNE: proposta da sociedade brasileira* destacava a gestão democrática, a previsão de recursos financeiros em todos os níveis e modalidade de ensino:

> *Ignorando a necessidade de ampliar o dispêndio em educação, o Executivo fecha os olhos para a experiência de países que venceram o desafio educacional (investiram maciçamente – o Japão, por exemplo, gastou 14% do PIB, no imediato pósguerra) (Valente & Romano, 2002, p. 103).*

Enfatizando a limitação ao ensino fundamental e a não-ampliação dos recursos, Valente e Romano (2002, pp. 106-7) assim sintetizam o caráter do PNE:

> *Os vetos impostos ao que foi aprovado no parlamento ilustram o caráter inócuo que a atual administração federal atribui ao PNE. [...] O presidente vetou tudo que pudesse ter a imagem de um plano. Este deve ser dotado de verbas para viabilizar as diretrizes e metas propostas. [...] este PNE já estava claramente comprometido, em sua validade, pelo traço de carta de intenções. Os vetos que FHC impôs à lei, além de radicalizarem tal característica, retiraram do PNE precisamente alguns dispositivos que a pressão popular havia forçado a que fossem inseridos.*

A perspectiva de gênero no Plano Nacional de Educação

Nestas leis e planos educacionais nem sempre vemos o gênero, ele pode estar oculto, disfarçado, dissimulado, coberto com um véu. Esse é o caso do PNE, quando a linguagem utilizada para nomear os indivíduos de ambos os sexos assume a forma masculina:

> *Promover debates com a sociedade civil sobre o direito dos trabalhadores à assistência gratuita a seus filhos e dependentes em creches e pré-escolas (PNE Educação Infantil p. 16).*

Em nossa sociedade o uso da palavra articulada ou escrita como meio de expressão e de comunicação supõe o masculino genérico para expressarmos idéias, sentimentos e referências a outras pessoas. Contudo, a linguagem, enquanto um sistema de significação, nunca é neutra, expressa a sua cultura e é permeada pelas relações sociais de um determinado momento histórico. O conteúdo desse documento assim o demonstra. Se por um lado, o masculino genérico nele empregado expressa uma forma comum de se manifestar, por outro, seu uso – especialmente em textos que tratam de direitos – não é impune, redunda em discriminação ao ocultar desigualdades de gênero. A ausência da distinção entre os sexos na linguagem subjacente às políticas educacionais pode justificar a permanência de desigualdades nas relações de gênero no debate educacional.

Tomando como exemplo a última citação do Plano Nacional de Educação (PNE) aprovado pelo MEC, que refere-se ao direito *"dos trabalhadores à assistência gratuita a seus filhos e dependentes em creches e pré-escolas"*, sabemos que não há a mesma aplicação para ambos os sexos. Em algumas instituições de ensino, públicas ou privadas, *esse direito é concernente apenas às mulheres trabalhadoras*, excluindo-se assim os pais, ainda que hoje defendamos a co-responsabilidade de homens e mulheres na divisão de tarefas educativas. A menção aos direitos entre ambos os sexos torna-se indispensável, pois se queremos construir novos significados para a prática social precisamos reconstruir nossa linguagem e despojá-la da ideologia androcêntrica.

Quando se trata de educação a defesa do *"bem de todos, sem preconceitos de origem, raça, sexo, cor, idade e quaisquer outras formas de discriminação"* presente na Constituição logo em seu início (art. 3º, IV), a distinção de gênero e eventuais especificidades estão ausentes na discussão dos direitos à educação e na organização do sistema educacional brasileiro. É preciso ler e apreender nas entrelinhas da defesa geral de direitos alguma relação com as questões de gênero:

> *Orientação e apoio aos pais com filhos de 0 a 3 anos, oferecendo, inclusive, assistência financeira, jurídica e de suplementação alimentar nos casos de pobreza, violência doméstica e desagregação familiar extrema (Brasil, PNE, 2001, p. 16).*

> *Garantia de ensino fundamental a todos os que a ele não tiveram acesso na idade própria ou não o concluíram (...) considerando-se a alfabetização de jovens e adultos como ponto de partida e parte intrínseca desse nível de ensino. (Brasil, PNE, 2001, p. 8).*
>
> *Promover debates com a sociedade civil sobre o direito dos trabalhadores à assistência gratuita a seus filhos e dependentes em creches e pré-escolas (Brasil, PNE, 2001, p.16).*
>
> *A gestão da educação e a cobrança de resultados, tanto das metas como dos objetivos propostos neste plano, envolverão, comunidade, alunos, pais, professores e demais trabalhadores da educação (Brasil, PNE, 2001, p.21).*
>
> *Proceder, em dois anos, a uma revisão da organização didático-pedagógica e administrativa do ensino noturno, de forma a adequá-lo às necessidades do aluno-trabalhador (Brasil, PNE, 2001, p.31).*

A ênfase nos princípios de liberdade e solidariedade pode ser estendida para a igualdade de gênero, uma das expressões dos direitos humanos, mas ela não está explícita no PNE. A necessidade de superação das discriminações relativas às construções histórico-culturais das diferenças de sexo, presentes nas relações escolares, assim como nas questões que permeiam algumas decisões a serem tomadas no âmbito da legislação educacional permanece velada e o não detalhamento das definições e derivações destes princípios sob a ótica das relações de gênero pode também gerar mais discriminação. Na perspectiva de gênero, isso poderia significar solidariedade quanto ao aborto, quanto às diferentes formas de constituição familiar e de orientação sexual de professores/as e alunos/as.

Uma outra característica do PNE quanto ao uso do gênero remete à ambigüidade. Ou seja, o gênero desaparece na apresentação geral, nos objetivos gerais e em níveis de Ensino como a Educação Infantil – ainda que estudos mostrem que este nível trabalha com uma fase fundamental da socialização das crianças, momento em que as diferenças de sexo/gênero deveriam ser exploradas por educadoras e educadores – e volta ao destaque em tópicos específicos como na descrição dos critérios do Programa de avaliação do livro didático, que prevê uma adequada abordagem de gênero e etnia, bem como a eliminação de textos discriminatórios ou com estereótipos referentes à mulher, ao negro ou ao índio.

Contudo, o principal problema do PNE, quanto ao gênero, ocorre ao tratar do acesso de meninas e meninos ao ensino fundamental. O texto não desenvolve em seu diagnóstico as conseqüências diferenciadas para meninas e meninos quanto à permanência nesse nível de ensino. Logo nas primeiras páginas, ao apresentar um diagnóstico sobre a educação infantil, o PNE descreve:

A distribuição das matrículas, quanto ao gênero, está equilibrada: feminino, 49,5% e masculino, 50,5%. Esse equilíbrio é uniforme em todas as regiões do País. Diferentemente de outros países e até de preocupações internacionais, em nosso País essa questão não requer correções.

Quando se trata de cumprir o propósito de universalização da educação, a garantia de acesso à escola surge como a meta central em muitas das políticas voltadas para o ensino fundamental. A política de acesso vem no bojo das demandas internacionais que pautam a elaboração das políticas públicas de educação e percebem nesse aspecto – isto é na igualdade numérica de acesso à escola – a principal forma de superar as desigualdades de gênero.

No Brasil, a democratização do acesso à educação ainda é parcial. Convive-se com taxas importantes de analfabetismo, em torno de 11,4% para mulheres e 11,7% para homens (Brasil, IBGE, 2003). Além disso, uma parcela significativa da população brasileira está excluída do processo de escolarização básica e crianças em idade incompatível freqüentam creches e pré-escolas. Nessa direção, é preciso considerar o fluxo escolar, que apresenta estrangulamento equivalente para ambos os sexos decorrentes de reprovação e evasão escolar. Em média, um/a brasileiro/a necessita de 10,4 anos para concluir as oito séries do ensino fundamental, o que significa uma taxa de eficiência de 0,78 (MEC/

INEP, 2000, p. 82, apud CEDAW, Relatório Nacional Brasileiro, 2002, p. 145).

O analfabetismo entre as mulheres com 50 anos ou mais apresentou em 2003 uma taxa de 27,7%, enquanto que essa taxa entre os homens é de 23,7% refletindo dificuldades de um amplo alcance das políticas de alfabetização de adultos que levem em conta as desigualdades de gênero e as especificidades de idade.

Quando se trata do ensino fundamental, porém, os desafios são outros ao introduzirmos a perspectiva de gênero. Trata-se de compreender um quadro complexo que exige a intersecção entre acesso e permanência de meninas e meninos com tendência para maior entrada e melhor desempenho das meninas. Essa deveria ser a tarefa que se poderia esperar do Plano Nacional de Educação, infelizmente não cumprida a contento.

Ao afirmar, com base apenas no "equilíbrio" numérico de matrículas entre os sexos, que não há correções a serem feitas quanto às desigualdades de gênero, o PNE – importante documento que prevê a política nacional para a educação nos próximos dez anos à sua aprovação – exime-se de fazer em seu diagnóstico uma análise que problematize essa paridade numérica entre os sexos, ignorando importantes disparidades não só no acesso, mas também ao longo da trajetória escolar. Esta análise poderia ressaltar, por exemplo, que o "equilíbrio" estatístico entre meninas e meninos na distribuição das matrículas oculta a tendência crescente de fracasso de meninos na educação básica, especialmente no ensino fundamental (Carvalho, 2001, 2002; Brito 2004; Franco, 2001).

As meninas e mulheres tinham 5,9 enquanto meninos e homens 5,6 anos de estudo em 1999 (Brasil, PNAD 1999). Segundo informações do Censo Escolar – Sinopse estatística da educação básica, publicado pelo Ministério da Educação (Brasil, INEP, 2003), em 2003 o número bruto de matrículas no ensino fundamental era de 17.593.378 para os meninos e 16.845.371 para as meninas, indicando que 48,91% das matrículas nesse nível são femininas. Esse mesmo equilíbrio se manteve quando focamos apenas nas matrículas de 1ª a 4ª série, com 47,71% de femininas. Quando buscamos informações sobre a diferença entre os sexos na continuidade dos estudos nesse nível de ensino constatamos, contudo, que as matrículas entre 5ª a 8ª séries registram 50,36% para as meninas (Brasil, INEP, 2003). Essa pequena vantagem para a população feminina soma-se à grande maioria masculina indicada para classes de aceleração, voltadas para a recuperação de conteúdos a quem apresenta dificuldade de aprendizagem (Carvalho, 2001, 2002; Franco, 2001). Além disso, dados do MEC/INEP vêm mostrando que as mulheres são ainda mais numerosas a partir no ensino médio: 54,10% do total de estudantes que concluíram o ensino médio em 2003 eram do sexo feminino (Brasil, INEP, 2003).

O fracasso escolar de meninos também se expressa nos números relativos ao analfabetismo juvenil. Estudos ressaltam os garotos como principais protagonistas das taxas de analfabetismo e repetência. Dos 18,5% dos jovens do sexo masculino e 12,8% das garotas entre 15 e 24 anos eram analfabetos funcionais em 2000. Esta situação se reflete também nos índices de analfabetismo absoluto. Na faixa etária entre 15 e 19 anos, eram analfabetos em 1999 mais de 5% dos rapazes e apenas 2,5% das moças (PNAD – 1999). Mesmo na Região Nordeste, que abriga quase o dobro de analfabetos na faixa etária acima de 15 anos, a maioria dos jovens em situação de fracasso escolar é do sexo masculino.

Cabe ainda ressaltar que essa é uma realidade das novas gerações de meninas e mulheres que começam a reverter uma situação histórica de analfabetismo. Até recentemente, os homens tinham mais tempo de estudo (pouco mais de dois anos) que as mulheres. Nas últimas quatro décadas, esta situação mudou.

Entretanto, esse quadro mostra que para levar em conta as desigualdades de gênero não basta garantir um lugar, um assento para meninas e mulheres nas salas de aula dos ensinos fundamental e médio. A redução da desigualdade de gênero somente pelo acesso escolar pode esconder o fracasso que atinge diferentemente meninos e meninas.

A tendência é atribuir o fracasso dos meninos à socialização voltada para o trabalho e à realidade econômica. A interrupção dos estudos seria conseqüência da exploração do trabalho infantil masculino remunerado (Carvalho, 2004). A maior permanência e o desempenho superior das meninas são, por sua vez, atribuídos à suposta melhor adaptação ao universo escolar. A literatura sobre esse assunto freqüentemente afirma que os meninos seriam mais indisciplinados, mais desorganizados. As meninas teriam um comportamento propenso à cultura escolar que favorece o desempenho escolar. Alguns desses estudos apontam a organização familiar e a socialização primária feminina como responsáveis por certo tipo de conduta das meninas. Certas características seriam valorizadas pela escola (passividade, obediência, calma, silêncio, ordem, capricho e minúcia) (Silva et al., 1999). Por outro lado, estudos têm atribuído o melhor desempenho das meninas ao fato de a escola representar um local propício à socialização feminina, além de ser um local de lazer, supostamente mais igualitário do que o espaço familiar (Enguita 1989; Rosemberg, 1990).

Nenhuma dessas explicações está suficientemente aprofundada. As estatísticas sobre o trabalho infantil são precárias e incapazes de incluir algumas formas femininas de trabalho infantil, como o trabalho doméstico muitas vezes não-remunerado. Ao comentar a possível relação entre desempenho escolar e trabalho infantil, Marília Carvalho (2003) pondera que os meninos estão presentes no trabalho infantil remunerado, mas o trabalho doméstico acolhe, sem sombra de dúvidas, uma maioria feminina em distintas faixas etárias. Seriam necessárias mais pesquisas que explorem o trabalho infantil (doméstico e remunerado) e seus efeitos no processo de escolarização de meninos e meninas.

A produção sobre fracasso escolar e sua interface com as desigualdades de gênero é ainda incipiente. Estudos mostram a existência de uma relação entre as masculinidades e feminilidades e o melhor e pior êxito escolar de cada um dos sexos, que pode ser intensificado conforme o pertencimento social e racial. Rosemeire dos Santos Brito (2004), por exemplo, constata que meninos de uma escola pública com comportamentos expressivos de certo tipo de masculinidade contrária às normas escolares tendiam ao insucesso escolar. Os que apresentavam um padrão masculino fundamentado na razão e que pertenciam aos setores médios intelectualizados apresentavam maior chance de êxito escolar. Estudos como esse reforçam a importância de agregarmos à análise sobre o fracasso escolar informações que remetam às diferentes expectativas docentes quanto ao comportamento de meninas e meninos, associados aos indicadores de classe e raça.

O suposto melhor aproveitamento das meninas merece ser também problematizado. Pesquisa desenvolvida por Edna de Oliveira Telles (2005) mostra que quase a metade das meninas de uma 4ª série do ensino fundamental na cidade de São Paulo apresentava dificuldades de leitura e escrita. As estatísticas confirmam essa constatação. Em menor escala, as meninas também fracassam. Os efeitos de uma história de insucesso escolar são mais ainda perversos para os repetentes. O mau rendimento escolar reforça os estereótipos de que não existe um espaço para as mulheres no saber. Nesse sentido, a reprovação dos meninos pode ser entendida por professoras/es como *coisa de moleque, coisa da idade, rebeldia*, ao passo que do lado das meninas tal resultado pode expressar *burrice, incompetência, não dá para a coisa, resta-lhe apenas o lar*. (Abramowicz, 1995, p. 45)

Essas informações estão disponíveis há vinte anos, mas como ressalta Marília Carvalho (2003), não chegam aos cursos de formação e aos formuladores de políticas educacionais. Não se pode esquecer do papel das políticas públicas de educação na formação docente e na organização da própria escola para reverter qualquer processo que discrimine meninos e meninas em sua trajetória escolar. De modo geral, a escola e as profissionais da educação estão pouco preparadas para lidar com a diversidade de gênero. Tampouco nossos gestores e formuladores de políticas têm apresentado sensibilidade e compromisso com questões de gênero que envolvem o ingresso, a permanência e o desempenho de meninas e meninos no ensino fundamental, assim como a exclusão de meninos desse mesmo ensino.

Nesta perspectiva, trazer à tona as questões de gênero em um plano nacional que deve servir de base para as políticas educacionais brasileiras aponta para três ponderações. Em primeiro lugar, as relações de gênero ficam, na maioria das vezes, subsumidas ao discurso geral sobre direitos e valores. Podemos, pois, avaliar a referência aos direitos humanos e à abertura para as demandas organizadas nas políticas públicas como algo positivo. E isso nos leva a uma segunda consideração. A compreensão das relações de gênero pela escola corre o risco de permanecer velada, uma vez que as políticas públicas, como no caso do PNE, não as mencionam e quando o fazem não exploram em todos os temas e currículos os antagonismos de gênero presentes na organização do ensino e do cotidiano escolar. Infelizmente, pouco se sabe sobre a efetividade do PNE nas escolas. Não há estudos de avaliação de mudanças na prática pedagógica dos professores a partir desse Plano. Sabe-se, no entanto, de iniciativas isoladas, de parcerias entre Secretarias Municipais ou Estaduais de Educação, ONGs e universidades, que resultam em cursos de formação, oficinas e produção de material didático.

A terceira consideração diz respeito à forma como o gênero aparece no PNE, o que ressalta a urgência de políticas que problematizem a paridade numérica entre os sexos, introduzindo o recorte de gênero e mostrando que a desigualdade de gênero não está somente no acesso, mas também ao longo de toda a trajetória e relações escolares.

Ultrapassar esses limites do tratamento dado pela política educacional às relações de gênero significa questionar os estereótipos de gênero e refletir sobre o modo velado, ambíguo e, às vezes reducionista que os significados de gênero assumem nos documentos de políticas públicas de educação. É preciso questionar essas referências[38]. Introduzir o ponto de vista da mu-

---

[38] As reflexões que aqui se seguem contam com a contribuição dos trabalhos de Montserrat Moreno (1999).

lher nos livros didáticos, nos conteúdos escolares; não hierarquizar significados masculinos e femininos; interferir na reprodução de estereótipos pelas crianças/jovens; evidenciar a existência de inúmeros esquemas, sentidos e ações para cada sexo que não têm relação com capacidades inatas, comportamentos espontâneos e, principalmente, trabalhar com vários modelos de feminino e masculino.

A formação docente é uma tarefa do Estado, mas que precisa ser discutida com todos os envolvidos, sobretudo as universidades públicas e privadas. Uma revisão curricular não deve, no entanto, incluir apenas a perspectiva de gênero, mas também a de raça/etnia, orientação sexual, geração e todas as dimensões responsáveis pela construção das desigualdades.

Essa é uma tarefa difícil, mas urgente e necessária. Requer luta em todas as esferas: na conscientização e formação do corpo docente; na denúncia das revelações ditas científicas que perpetuam preconceitos; na discussão de propostas e atividades realizadas na escola; na análise crítica dos livros didáticos; e, sobretudo, nas inúmeras reivindicações por direitos à diferença.

Unificar o que foi fragmentado e mais que isso tirar a hierarquia das diferenças que ainda permanecerem, para que não se transformem em desigualdades. Assim, as proposições políticas podem produzir múltiplas articulações entre masculinidades/feminilidades, enquanto campos diferenciais de direitos e de pertencimento.

Isolar a feminilidade da masculinidade seria reduzir esta diferença à particularidade, mas afirmar que homens e mulheres são iguais ou que existe equivalência entre valores e significados masculinos e femininos em nossa sociedade é negar as inúmeras diferenças sociais, muitas vezes transformadas em desigualdades, e que podem servir de ponto de partida para a ampliação dos direitos no campo educacional. Caminhar nessa direção requer o reconhecimento do conflito como pilar dos projetos coletivos, aliado à coragem para uma escuta sensível acompanhada das transformações coletivas a ela inerentes: *"o jogo da diferença e da convivência requer para todos a travessia por um desconhecido com coragem e esperança"* (Melucci, 2000, p. 155).

Referências Bibliográficas

ALTMANN, Helena (2001). Orientação Sexual nos Parâmetros Curriculares Nacionais. *Estudos Feministas*. Florianópolis: CFH/CCE/UFSC, v. 9, n. 2, pp. 575-585.

BRASIL. Congresso Nacional. *Constituição da República Federativa do Brasil*. Brasília: Imprensa Oficial, dezembro, 2001.

_____. *Emenda Constitucional n.14*. Brasília: Diário Oficial da União, DF., 13 de setembro, 1996.

_____. *Lei das Diretrizes e Bases da Educação Nacional* (nº 009394). Brasília, 1996. Disponível em: wwwt.senado.gov.br/legbras.

_____. *Plano Nacional de Educação* (nº 10.172) Brasília, 2001. Disponível em: wwwt.senado.gov. br/legbras.

_____. Ministério da Educação e do Desporto. Secretaria de Educação Fundamental. *Parâmetros curriculares nacionais*: ensino fundamental. Brasília: MEC/SEF, 10 volumes, 1997.

_____. *Lei nº 9.424*. Dispõe sobre o Fundo de Manutenção e Desenvolvimento do Ensino Fundamental e de Valorização do Magistério. Brasília: Diário Oficial da União, 24 de dezembro, 1996.

CARVALHO, Marília Pinto de. Mau aluno, boa aluna? Como as professoras avaliam meninos e meninas. *Estudos Feministas*, Florianópolis, v. 9, n. 2, pp. 554-574, dezembro 2001.

_____. Sucesso e fracasso escolar: uma questão de gênero. *Educação e Pesquisa*, São Paulo, v. 29, n. 1, pp. 185-193, jan./jul. 2003.

CURY, Carlos Roberto Jamil. Direito à educação: direito à igualdade, direito à diferença. *Cadernos de Pesquisa*, São Paulo: FCC/Autores Associados, 116, jul. 2002, pp. 245-262.

FRANCO, Adriana de Fátima. *Auto-estima nas classes de aceleração: da concepção teórica à implementação*. Dissertação de Mestrado. São Paulo: PUC-SP, 2001.

HARVEY, David. *Condição pós-moderna*. São Paulo: Loyola, 1993.

LEFEBVRE, Henri. *Le manifeste differencialiste*. Paris: Gallimard, 1970.

MATOS, S. M. Artefatos de gênero na arte do barro: masculinas e feminilidades. *Revista Estudos Feministas*, Santa Catarina: CFH/CCE/UFSC, 2001, v. 9, n. 1, pp. 56-81.

MELUCCI, Alberto. *Culture in gioco: differenze per convivere*. Milano: Saggiatore, 2000.

MORENO, Montserrat. *Como se ensina a ser menina*. São Paulo/Campinas: Moderna/UNICAMP, 1999.

PIERUCCI, Antônio Flávio. Ciladas da diferença. *Tempo Social*, São Paulo: USP, v. 2, n. 2, 2º sem., 1990, pp. 7-33.

ROSEMBERG, F. Caminhos cruzados: educação e gênero na produção acadêmica, *Educação e Pesquisa*. São Paulo: FEUSP, 2001, pp. 47-68.

SCOTT, Joan Wallach. Gênero: uma categoria útil de análise histórica. *Educação & Realidade*. Porto Alegre : v. 16, n. 2, pp. 5-22, jul./dez. 1990.

THOMPSON, John B. *Ideologia e cultura moderna: teoria social crítica na era dos meios de comunicação de massa*. Petrópolis: Vozes, 1995.

VIANNA, Cláudia Pereira e RIDENTI, Sandra. Relações de gênero e escola: das diferenças ao preconceito. In: AQUINO, Julio Groppa. *Diferenças e preconceitos na escola: alternativas teóricas e práticas*. São Paulo: Summus, 1998, pp. 93-106.

VIANNA, Cláudia. *Os nós dos nós: crise e perspectiva da ação coletiva docente em São Paulo*. São Paulo: Xamã, 1999.

4. A mulher na política partidária: uma estranha no ninho

A mulher na política partidária

Luiza Erundina de Souza[39]

O país não consegue resolver seus problemas estruturais de natureza econômica, social e política,

---

[39] Prefeita do Município de São Paulo – de 1989 a 1992; Fundadora e Coordenadora da Frente Nacional de Prefeitos Brasileiros – de 1989 a 1992; Ministra-Chefe da Secretaria da Administração Federal – Governo Itamar Franco - Brasília/DF – 1993; Fundadora do Centro de Documentação e Estudos da Cidade de São Paulo – CEDESP; Fundadora do Instituto Brasileiro de Administração Pública – IBAP – São Paulo/SP; Ex-Vice-Presidente Nacional do Partido Socialista Brasileiro – PSB; Membro da Executiva Nacional do PSB; Deputada Federal – PSB/SP por dois mandatos, reeleita deputada federal – PSB/SP para o terceiro mandato.

sem ampla e profunda reforma institucional, ou seja, ampla e profunda reforma constitucional.

No atual quadro político-partidário, nós, mulheres, temos pouca chance de ampliar nossa participação política. Somos poucas em cargos de direção dos partidos, majoritariamente ocupados pelos homens que se perpetuam nesses cargos. E a culpa, por isso, não é só deles. É também nossa que nos omitimos nas disputas partidárias internas, preferindo apoiar e eleger dirigentes homens, o que pode significar insegurança quanto ao nosso preparo ou, até mesmo, baixa auto-estima quando se trata de disputar o poder. Essa atitude também decorre, a meu ver, da insuficiente compreensão do nosso papel político e da importância do poder para garantirmos nossos direitos. Fomos educadas e formadas, quase sempre, para exercermos funções e desempenharmos papéis nos espaços privados, aceitando, passivamente, a condição de coadjuvantes dos homens preparados para ocupar os espaços públicos e serem protagonistas na sociedade.

Não devemos aceitar isso como algo natural. Precisamos romper com essas determinações socioculturais e nos prepararmos para disputar, conquistar e assumir papéis protagônicos como sujeitos políticos. Para tanto, temos que nos interessarmos pela política e, até mesmo, nos filiarmos a partidos políticos se desejarmos influir de forma mais efetiva no processo político e na definição das políticas públicas e dos rumos que o país assume.

É verdade que as tarefas e responsabilidades que nos são atribuídas pela sociedade nos ocupam por inteiro e, até, nos sobrecarregam, negando-nos o tempo necessário para a militância política. Mas temos que romper com isso, lutando por igualdade de oportunidades com os homens, inclusive dividindo com eles as tarefas e responsabilidades impostas pela vida privada, de modo a poder compartilhar da vida pública que, historicamente, tem sido atribuída, quase que exclusivamente, aos homens. Para que essa realidade se modifique, é necessário que nós, mulheres, modifiquemos nossa postura diante da vida e na relação com os companheiros homens. Isso é bom, não só para as mulheres, mas para a sociedade como um todo, pois só será verdadeiramente democrática, quando homens e mulheres tiverem igualdade de oportunidades, inclusive e sobretudo, na conquista e no exercício de poder político.

As conquistas que obtivemos até agora nesse campo não têm garantido uma real participação nossa na vida partidária e no mundo da política. Refiro-me, por exemplo, à cota de 30% nas chapas para cargos proporcionais. São poucos os partidos que conseguem preencher essa meta. Alegam que é por desinteresse das mulheres, o que não é verdade. Essa alegação esconde o real motivo e a omissão das direções partidárias em não propiciarem as condições objetivas para que as candidaturas femininas se viabilizem. Não basta ter as vagas. É preciso existirem os meios para ocupá-las e disputá-las eleitoralmente.

É necessário, ainda, ter gosto pela vida partidária. Interessar-se pelas disputas internas nos partidos pelos cargos de direção, portanto, de poder partidário, o que exige preparo e capacitação política. Temos, ainda, que nos opormos à forma masculina, patriarcal, autoritária e centralizadora, como tradicionalmente se exerce o poder, seja nos partidos, seja na prática política em geral. Isso supõe mudança de cultura política e é responsabilidade nossa contribuirmos nesse sentido. Não nos bastam disputar e conquistar poder político-partidário. É mais que isto. Precisamos fazê-lo de forma nova, própria da nossa forma de ser, rompendo com o autoritarismo, a centralização, o patriarcalismo que têm caracterizado a prática política em sociedades de cultura machista como a nossa.

Até mesmo quando brincam, os homens manifestam esse viés machista, como ficou expresso na fala pública do Presidente Lula ao recomendar às mulheres que não queiram tão cedo chegar à Presidência da República. O Presidente achou que estava fazendo uma brincadeira, mas um Presidente da República não deve brincar com coisa séria, pois o que diz, sobretudo em público, tem repercussão. É bom que Sua Excelência se dê conta de que não está muito longe de uma mulher chegar ao cargo máximo de poder do país. Para tanto, temos que fazer avançar nossas conquistas. No projeto de Reforma Política que resultou da Comissão Especial da Reforma Política, conseguimos incluir uma cota de 30% do fundo partidário e 30% do tempo gratuito de rádio e televisão, de que dispõem os partidos políticos, que sejam destinados aos órgãos de representação das mulheres em seus respectivos partidos. Com isto, tornaremos efetiva e daremos eficácia à cota dos 30% de vagas nas chapas para cargos proporcionais que, até agora, não passou de uma conquista formal. Aprovada essa proposta, os órgãos de mulheres dos partidos políticos disporão de meios para realizar seminários e treinamentos de capacitação política, além da apresentação das nossas idéias e propostas políticas através da mídia eletrônica. Com isso teremos condições objetivas para viabilizar nossa participação política.

Com esforço pessoal, a mulher mostra sua polivalência

Célia Leão[40]

Pensemos nas civilizações antigas ou até mesmo nos povos que até hoje conservam os costumes de seus antecessores. Imaginemos as transformações ideológicas que se sucederam no século XX. Mais do que isso, tentemos visualizar qual era a realidade social de antigamente e de que forma as mudanças sociais atingiram as estruturas do planeta. Depois desse raciocínio, dá para se ter a grandeza da importância da mulher, que, mesmo assumindo compromissos com o mundo externo à sua família, manteve sua autoridade e respeito dentro de casa. Se voltarmos nossa atenção aos livros de História, veremos que o sexo feminino era submisso às vontades e valores do masculino. Eram os homens que determinavam como o seu grupo familiar ou societário deveria viver. No entanto, a mulher, que passou milênios com funções estritamente do lar, de repente se viu como esteio da família, tanto no sentido de organização, quanto no de orçamento. Com esta última, podemos ver a força que ela tem dentro de si, pois apesar de sair de casa para trazer o sustento dos demais moradores, ainda consegue voltar seu olhar fixamente para o que ocorre no lar. A mulher superou a sua época, os preconceitos e a condição a qual se viu imposta, já

---

[40] Deputada Estadual – São Paulo.

que a necessidade e a vontade de buscar melhores condições de vida para toda a família estendeu-se a ela.

Os anos de 1920 do século passado foram o que se pode chamar de momento chave na nova posição da mulher na sociedade. Naquela década, outras idéias tiveram seu espaço, movimentos feministas foram vozes ouvidas e uma revolução de pensamentos abriu caminho para novas discussões. Muito tempo já se passou, mas não a vontade dela de cuidar do lar, zelar pelo que comem os filhos, verificar se a roupa está limpa e bem passada. Essas continuaram a ser preocupações de todas as mulheres, ainda que tenham passado a dividi-las com o marido, que não é mais o único a se empregar no mercado de trabalho. Além disso, são profissionais extremamente competentes, dedicadas e, acima de tudo, bem organizadas. E como não poderia afirmar isto, se o coração de uma mulher parece um binóculo tentando enxergar tudo o que se passa com as pessoas que ela ama, mesmo que estejam longe dela. Duvido que você, dona de casa e trabalhadora, não pensa durante o trabalho em sua casa pelo menos uma vez.

— Tá armando chuva. Será que a janela tá fechada? Meu filho já chegou da escola? E a roupa no varal!

Esses são pensamentos comuns que não desapareceram com as novas atribuições. E é por isso que ressalto a boa organização da mulher. Ela disponibiliza tempo para vários problemas; nunca despreza aqueles que a amam, apesar de nem sempre ter tempo suficiente para eles; e, também tem competência em saber administrar seguramente casa e trabalho. A sensibilidade do sexo feminino é notória.

Muitos homens fazem com prazer e competência a tarefa de embalar o filho no colo ou acordar de madrugada, mas a mulher nunca deixou de assumir essas obrigações como algo pertinente ao gênero que ela defende e carrega geneticamente, como um instinto natural, sem nenhum treinamento, pedido ou ordem. Ela parece aguardar sempre o momento de zelar pela criança, e isso não é exclusividade daquela que é mãe. Em geral, a mulher é capaz de multifunções, seja na Igreja, local em que ela agita a bandeira, canta e, ao mesmo tempo, embala o filho nos braços; no trabalho, quando, enquanto distribui tarefas e cobra resultados dos outros, ainda disponibiliza tempo para verificar se está tudo em ordem com a família; seja no lazer, tanto em uma viagem, quanto em uma noite qualquer, não sossega enquanto não chegar em casa, ainda mais se o filho estiver doente.

Hoje, a mulher já representa a marca de quase 30% como chefe de família no nosso país. Ela se mostra organizada, competente e polivalente. Uma realidade que não se deu da noite para o dia. Foi preciso decisão e coragem do sexo feminino para assumir determinadas responsabilidades no mundo contemporâneo. Ainda mais, porque essa foi uma condição imposta pelas circunstâncias, e não uma opção das mulheres. Ao longo da história da humanidade, as sociedades foram se formando de acordo com suas culturas e tradições. E, por mais que tenha acumulado funções ao longo do século, não deixou de cumprir aquela, tradicionalmente, dada a ela e, culturalmente, feminina: a doméstica. É claro que a partir do século passado o homem passou a ter uma representatividade também dentro de casa, já que, em muitos casos, é ele que cuida sozinho da família, ou por ser solteiro, viúvo, divorciado, ou pelo fato da mulher ter assumido o papel de sustentar o lar.

À medida que os anos vão se passando, percebo que toda transformação social vem acompanhada de uma eterna busca por igualdade. Homens e mulheres têm suas diferenças biológicas, fortemente marcantes, e devido a essas disparidades, teses e debates de toda sorte surgiam em uma sociedade que ia se modernizando. O importante é que as causas não cessem, para que os sonhos sejam sempre conhecidos por aqueles que se identifiquem com o motivo e para que, assim, também lutem por ele. É preciso acreditar no que se pensa e ter garra e coragem de ir contra a tempestade. Com objetivos bem determinados todos conseguem diminuir as desigualdades existentes e podem acreditar mais na justiça para todos.

A busca de direitos requer determinação. A liberdade é uma conquista alcançada à duras penas, que deve ser aproveitada, não só para gozar do que o mundo oferece, como também para construí-lo, mudá-lo e torná-lo justo. Por isso, a igualdade conquistada pelas mulheres no mercado de trabalho, na representatividade social, nas esferas administrativas públicas ou privadas, enfim, em todos os setores da sociedade, vem contribuir decisivamente para a plena justiça entre os habitantes da Terra. Fico feliz ao chegar em casa e saber que vejo ali, em cada canto, o resultado do meu esforço. E tenho certeza que você, mulher, também se emociona com isso, afinal foram tantos os desafios enfrentados que é impossível não reconhecer nossos próprios méritos. Sair de casa e assumir novas responsabilidades já foi uma etapa inesperada. Conciliar tudo isso com os afazeres domésticos foi complicado, afinal não desejamos isso. A mulher está no caminho certo e cada vez mais se igualando na sociedade. Só assim, poderá lutar por justiça, pois será ouvida, participativa e influenciadora das decisões. Enfim, terá o espaço que sempre mereceu e que tardiamente lhe foi dado. Ela está no rumo, mas ainda há muito a fazer. Só o que não muda nunca é a relevância da mulher dentro de casa e que não deixará de ter. Ela, além de ser cultural, é atual e imanente do nosso ser.

A mulher na política local: poder executivo

Sandra Sclauzer de Andrade[41]

Na minha cidade... eu vou falar sobre uma estranha no ninho, pois eu sou uma estranha no ninho. A minha cidade tem quatro mil duzentos e cinqüenta e oito habitantes, é uma cidade pequena, porém muito acolhedora e vocês todos estão convidados para nos fazer uma visita, sintam-se como um membro dos nossos. Mas, quando tive o convite para entrar na política, foram os meus ex-alunos que me convidaram e eu não pensava em entrar na política pelo que a deputada falou: "Nós temos poucas mulheres na política porque nós mulheres somos caluniadas", então não são todas que têm a coragem e a determinação de estar onde nós estamos hoje, porque somos tachadas de levianas e até muito mais coisas; é muito difícil para nós mulheres vivermos o preconceito do homem.

Mas voltando lá, hoje sou uma estranha no ninho, eu nunca estive na política, sempre fui professora, mas quando fui convidada pelos meus alunos, eu resolvi, a primeira coisa que disse foi: "Olha, eu nunca estive na política", aí eles disseram: "Mas professora nós queremos tanto que a senhora entre, porque a senhora tem a cara da transformação, da mudança" e eu respondi: "Eu vou precisar muito do apoio

---

[41] Prefeita de Presidente Alves-SP, eleita em 2004.

de vocês". Aí começamos com a nossa luta, nosso partido; o PT na nossa cidade, não era conhecido, nós não tínhamos nada, não tínhamos nada para dizer. Depois dissemos: "Nós temos um partido político", e nós iniciamos, os nossos candidatos, os adversários políticos em momento algum pensaram que eu pudesse vir a ganhar e com sinceridade? Eu também achei que não ganharia, aí eu fui fazer uma visita na casa de um senhor e falei para ele assim: "Eu gostaria de ganhar a eleição" e ele me disse assim: "A senhora já comeu mingau? E eu disse: "Mingau? Ele falou: "Sim mingau, a senhora começa a comer pelo meio ou pela beirada?" E eu falei: "Se estiver quente pela beirada", e ele disse: "A senhora faça sua campanha assim, comece pela beirada".

E eu comecei realmente a fazer visitas primeiro pela Zona Rural até chegar na cidade, enquanto isso meus adversários falavam assim: "A Sandra não tem coragem de enfrentar a cidade, por isso é que ela está somente nas fazendas", e foi um engano porque nós tivemos uma votação grandiosa, eu derrotei vinte e oito anos de coronelismo. Eu lutei com duas frentes, uma frente com mil e quinhentos empregos que geraria dentro do meu município e com a máquina administrativa. Não tive apoio de nenhum Deputado do meu Partido, mas um grande apoio da população do meu município, então venci essa eleição primeiramente por determinação. Hoje eu agradeço a Deus por ser mulher, porque eu não tenho medo de ser mulher, eu amo ser mulher, porque eu sei batalhar e lutar como a Deputada.

Eu tenho um casal de filhos, eu brigo por eles, eu luto por eles e sinto sim uma estranha no ninho, porque nunca estive numa Administração Pública. Os meus adversários faziam chacota e falavam: "Vocês vão ver, ela pensa que Administrar uma Prefeitura é como pagar conta de água e luz, e realmente não é pagar conta de água e luz, não é Deputada?" Só que nós temos que ter perseverança, transparência, honestidade, dedicação e principalmente a nossa intenção. Nós mulheres, vocês mulheres, vocês senhoras, vocês moças, não tenham medo, lutem pelo que vocês querem. Eu sou exemplo, a Erundina é exemplo, a Sandra é exemplo, Edite é um exemplo, Tânia é o exemplo e quantas mais mulheres aqui são exemplos. A nossa postura, a nossa determinação, então não tenham medo de ser uma estranha no ninho, nosso ninho nós é que fazemos, eu quero muito agradecer por esse momento, é a primeira vez que estou sentada com uma platéia, com pessoas tão ilustres ao meu lado, é com muita honra que eu vim aqui, que eu recebi esse convite e além do mais política não é aquela política que todo mundo calcula, como as pessoas de Marília dizem: "Na política só existe corruptos", uma política honesta, uma política partidária, uma política transparente, nós conseguimos realizar e chegar lá.

Eu peguei o meu município com uma dívida de quase setecentos mil reais, peguei uma dívida de pagamento atrasado e nós estamos conseguindo vencer cada obstáculo, com minha equipe, adquirimos também dois ônibus. Agora já estamos com setenta dias de mandato, então, desde de que haja transparência, desde que se tenha determinação, desde que saiba o que está fazendo será muito bem-vindo e quem quiser, entra na política e, com determinação, sem medo, enfrenta. Não tenham medo dos homens porque eles dependem de nós para tudo.

Muito obrigada.

A participação da mulher na política municipal: poder legislativo

Sônia Tonin[42]

Boa noite a todos. Boa noite a essa mesa de mulheres. Quero falar sobre a missão da política e sobre a Mulher, praticamente elas já falaram quase tudo que eu poderia estar dizendo, vou falar um pouquinho da minha história. Marília é ainda uma cidade interiorana, carregada de preconceitos, não é fácil para a mulher se envolver na política no Município de Marília, nós temos aí homens que estão na política há anos, nós temos aí famílias inteiras que se promovem através da política no Município de Marília. Na verdade, quando eu fui convidada para ser candidata para ser vereadora, me convidaram somente pelo meu perfil, porque eu sei falar um pouquinho, mas somente para preencher a tal das cotas dos partidos. Eles não acreditam que as mulheres possam se eleger, eles não acreditam que a gente possa ter chance de competição verdadeira durante a campanha, então o que gente enfrenta durante os noventa dias de campanha eleitoral é verdadeiramente uma selvageria.

Marília ainda tem candidatos terríveis, que falam coisas terríveis das mulheres e ainda têm jeito terrível de pedir voto e então ganham as eleições, eu sei que

---

[42] Pedagoga, diretora de Escola Municipal de Educação Infantil, Vereadora na cidade de Marília, eleita em 2004.

muita gente entende o que eu estou dizendo. Por outro lado, quando consegui me eleger saindo pela segunda vez candidata, porque em 2000 me lancei candidata pelo PDT, perdi a eleição por oitenta votos e agora em 2004, pelo PRONA, consegui a décima segunda cadeira e quase que eu não entro porque são só treze cadeiras, mas a décima segunda estava então reservada para mim, Graças a Deus. E foi tremendamente difícil porque, na verdade, eu levo um azarão dentro do meu Partido. Todos os dias eu me encontrava com pessoas que estavam também na campanha, na sua maioria homens e elas diziam para mim: "Olha, no seu Partido são quatro pessoas com chance de se eleger" e os três primeiros eram homens e eu era a quarta, "mas o seu partido vai fazer as três cadeiras", então era óbvio que não era a eleita do PRONA, as três cadeiras seriam dos homens. Qual foi a nossa surpresa? O PRONA fez somente duas cadeiras e uma delas, foi minha.

Então o que eu tenho para dizer da Política de Marília, que é uma Política ainda machista, a Câmara Municipal de Marília, não sei se a Edite concorda comigo, é um lugar extremamente difícil de você falar, ser entendida e, há ali uma disputa de poder e há também uma dificuldade muito grande das pessoas ouvirem o que a gente tem a dizer. O que eu percebo em relação à Política, em relação aos homens e mulheres, é que nela já não existe mais essa questão dos sexos. Falei com um Jornalista daqui de Marília por telefone porque quando li o jornal, vi que a reportagem fora muito mal feita, sem aparecer o meu nome, com tudo que eu havia falado numa sessão da Câmara. Aí eu disse para ele: "Mas por que você não colocou o meu nome? E da outra pessoa você colocou o nome, a foto e você usou tudo que eu debati na sessão da Câmara sem citar que fui eu que falei", porque realmente a notícia era boa e ele ficou sem palavras e eu, infelizmente, descarreguei todo meu português em cima dele, eu falei para ele: "Eu quero que você saiba que a política não tem sexo e que eu não quero que as mulheres vençam na política, eu não quero que os homens percam na política, o que eu quero é competência e parcerias".

Eu penso que essas duas palavras são chaves na política moderna, se nós ficarmos com guerra de sexos, cabo de guerra, cada um olhando para seu próprio umbigo, brigando por seus próprios interesses, ainda aquela política sorrateira, querendo levar vantagens em tudo, que eu percebo ainda agora que eu estou lá dentro, nós não vamos conseguir transformar essa cidade e quem vai sofrer é a geração que vem aí, são nossos filhos que ainda são pequenos e os filhos que vocês ainda terão. Então a palavra de ordem que eu penso para o século vinte e um, não é mais comemorarmos o Dia Internacional da Mulher, eu penso que a mulher não precisa mais disso, a palavra de ordem seria competência, parceria, quem na verdade tem competência para ser o Prefeito Municipal? Quem na verdade tem competência para ser vereador? E aí cabe para cada um dos cidadãos pensar, porque o que vem acontecendo, e agora nós precisamos falar através dos homens na Política, é vergonhoso, é deprimente, líderes partidários fazendo coisas terríveis, troca troca de Partido, corrupção, compra de votos, os homens têm feito coisas escandalosas através da Política. Então, a esses incompetentes a gente precisa falar, não para eles, embora eles possam até voltar em outros mandatos e quando eu digo a gente, não só as eleitoras, eleitores também, mas para os competentes homens a gente deve dizer sim, para as competentes mulheres a gente deve dizer sim, então eu penso que agora nossas vidas, no século vinte e um, deve ser pautada principalmente na questão da competência.

Homens são capazes e inteligentes, mulheres são capazes e inteligentes, homens conseguem administrar, mulheres conseguem administrar, e por que isso não está acontecendo? Porque as mulheres ainda não acordaram para a sua competência e a partir do momento que elas entenderem que são capazes essa realidade mudará. Também eu penso que muitas já entenderam isso, aí nós estaremos fazendo um governo verdadeiramente parceiro, onde homens e mulheres, lado a lado, farão o melhor para a sociedade independente de quem seja parceiro, principalmente, os majoritários.

O que cabe a nós mulheres, no momento, é entendermos que nós podemos ser maioria na Câmara. Quando nós preenchemos as tais cotas do partido e saímos para a periferia e pedimos voto como a Sandra fez, foi o que eu fiz também, e quando nós chegamos para essas pessoas da periferia e dizemos: "Olha minha querida vamos colocar alguém que seja da Educação, vamos colocar alguém que saiba o quanto custa um pacote de arroz, que saiba o quanto custa um litro de leite" e aí a dona de casa fala: "É mesmo, dona Sônia, sabia que eu não tinha pensado nisso?" E aí, então, as eleitoras foram mudando o seu voto. Ainda falta muito? Falta, mas se você não abrir a boca para dizer a que veio, o eleitor vai continuar ignorante e pior do que político corrupto, são eleitores que vendem seus votos, essa é uma doença que precisa ser curada, esse é um câncer que precisamos tirar da política, porque a política não é má, política não é corrupta, política não é uma coisa do diabo, como muita gente fala, as pessoas cristãs, as pessoas mais crentes, as pessoas falam: "Nossa, isso é coisa do diabo". A política é a vida em sociedade, política é debate de idéias, política é você falar e ser ouvido, é você, com justiça, elaborar regras que valerão para todos dentro da sociedade.

A mulher deve entender que ela pode também fazer isso, nós vamos sair falando e com certeza os eleitores escolherão os mais competentes e se forem as mulheres ótimo, se forem os homens ótimo, desde que sejam competentes, desde que tenham verdadeiramente o interesse de fazer o melhor pela coletividade. É o que eu penso em relação a isso e as pessoas já falam isso também, sobre essa questão da transparência e seriedade. "Você vai sofrer muito", um locutor falou: "Ah, você vai sofrer muito Sônia, eu tenho dó de você porque você é uma pessoa muito verdadeira", eu fiquei olhando para ele e falei: "Mas não é de político assim que a gente precisa? Eu é que tenho dó de você pensar uma coisa dessa, você deveria falar para os que aqui vêm, eles é que precisam ser transparentes e verdadeiros".

Eu gostaria que nós não entendessemos mais como necessária a bandeira do Dia da Mulher, mas eu gostaria que o século fosse uma marca registrada, onde homens e mulheres parceiros competentes pudessem transformar a sociedade e é nessa posição, com esse pensamento que eu quis ser vereadora, que eu quis estar na Câmara. Eu encontro, às vezes, homens que trabalham comigo que são educadores e que falam: "Sônia, como é que você agüenta aquilo?", mulheres que falam: "Deus me livre", só que são pessoas escolhidas para aquilo e eu sei que aqui neste auditório há muitos que são chamados para a política, como há muitos que são chamados para a política na sociedade, e se você deseja, e se você se sente encaminhada para esta direção, faça isso, porque é de pessoas assim que a política precisa. Com pessoas dessa natureza nós vamos transformar a sociedade para os nossos filhos, para a geração que vem aí.

Obrigada.

A mulher no legislativo local

Edith Sands Salgado[43]

A mais recente Pesquisa Nacional por Amostragem de Domicílio realizada pelo Instituto Brasileiro de Geografia e Estatística, o IBGE, mostra que a participação das mulheres no mercado de trabalho vem aumentando na proporção inversa da queda da participação masculina.

Hoje, 67,8 dos homens trabalham. Há dez anos, eram 72,4%. No caminho inverso, as mulheres com alguma atividade já somam 44,5%. Mas, em 2003, ano da pesquisa, o salário médio pago por hora às mulheres chegava apenas a 83,3% dos valores recebidos pelos homens.

Já na política brasileira, as mulheres ocupam menos de 10 % dos cargos existentes. Estes dados ilustram que persiste a desigualdade entre homens e mulheres na nossa sociedade, uma realidade que se modifica ainda muito lentamente.

Esta situação é reflexo da formação cultural da nossa sociedade, em que predomina, há séculos, uma visão machista e patriarcal, dentro da qual cabe à mulher um papel coadjuvante a serviço do homem, seja ele seu pai, irmão, chefe ou quaisquer outros papéis que o homem ocupe em determinado contexto.

---

[43] Ex-vereadora do Município de Marília, legislatura 2000-2004, professora estadual aposentada, ex-vice-presidenta do Partido dos Trabalhadores, membro da APEOESP.

Isto pode adquirir aspectos dramáticos. No Brasil, levantamento realizado pelo Movimento Nacional dos Direitos Humanos indica que, em 1996, 72% do total de assassinatos de mulheres foram cometidos por homens que privavam de sua intimidade. Levantamento da Organização Mundial de Saúde indica que, em todo o mundo, a violência interpessoal foi a décima causa de morte de mulheres entre 15 e 44 anos de idade em 1998 e que os crimes de violência contra a mulher são quase exclusivamente cometidos por homens.

Esta realidade é, evidentemente, o pano de fundo da participação político-partidária da mulher. Ela impede a mulher à participação política – na busca de transformações importantes neste quadro – ao mesmo tempo em que estabelece limites a essa participação, os quais se transformam em desafios que é preciso superar.

Esta tem sido a história da participação da mulher: a superação de limites e desafios e a sua afirmação como política, não "melhor" nem "maior" que os homens, mas igualmente preparada, motivada e capacitada.

Remetendo-nos ao título do nosso tema, precisamos considerar os diversos significados da palavra *estranha*. Pode ser "estrangeira', "externa"; ou ainda "que é de fora", "alheia"; ou ainda "pessoa que não pertence a uma corporação ou a uma família", "sem qualquer ligação com". Mas também pode ser "extraordinária", "surpreendente". Este é o significado que queremos atribuir à nossa participação político-partidária? Certamente não.

Não podemos ser consideradas nem nos considerar estrangeiras ou alheias a uma organização na qual ingressamos por nossa própria vontade, assim como nossos corregilionários homens. Não queremos ser "extraordinárias" nem "surpreendentes". Queremos apenas ser plenamente o que somos.

Ao ingressarmos no Partido, passamos a *fazer parte*. As especificidades da nossa condição feminina apenas nos credenciam ainda mais a sermos *participantes*, porque temos causas e idéias a defender; idéias e causas que queremos transformar em propostas e em projetos que irão contribuir para que o Partido ao qual pertencemos reflita de forma mais próxima às realidades existentes na sociedade na qual atua e sobre a qual opera.

Então, nosso grande desafio é tornar normal e corriqueiro o que é ainda considerado extraordinário e surpreendente. Tornar natural o que muitos consideram estranho. Contribuir para que o Partido com o qual temos afinidade política e ideológica obtenha as melhores condições possíveis para vencer, a disputa pelo poder na sociedade, levando à prática seu projeto e seu programa.

Por isso, devemos reagir aos que querem nos fazer sentir "estranhas no ninho". Primeiro porque "ninho" é, também, "domínio". Nossas diferenças, como mulheres que somos, não nos tornam antagônicas. Não somos, e não podemos nos sentir invasoras do domínio alheio. Partidos são instituições públicas da sociedade. É legítimo – e é bom para os partidos – que nós, mulheres, neles ingressemos e que aí atuemos, galgando posições e participando de suas direções.

Nesta perspectiva, precisamos romper com os limites das queixas e das denúncias. A denúncia cumpre, sem dúvida, o importante papel de lançar luz sobre aspectos da realidade que a sociedade muitas vezes não conhece. Mas, se queremos ocupar o lugar que nos cabe na política partidária, temos que buscar respostas para a superação das situações que denunciamos.

Há muitas mulheres que lograram atingir este patamar de participação política. Vencendo desafios e afirmando suas convicções e propostas de forma decidida, mulheres como Marta Suplicy, ex-prefeita de São Paulo, passaram a ocupar um lugar na política brasileira a partir não somente da sua condição de mulher, mas também da capacidade de formular propostas, elaborar políticas e projetos, galvanizar setores importantes da opinião pública e gerenciar o Estado.

Este é o caminho. Não deixar que a condição feminina seja um diferencial que nos coloque em situação de "estrangeiras", mas que signifique a afirmação da *necessidade* de nossa participação político-partidária, rotineira, normal e qualificada, como deve ser.

Provo
Distribuidora e Gráfica

Pabx: (011) 4178 05 22 fax ramal: 30
provografica.com.br